문학과지성 시인선 417

갈라진다 갈라진다

김기택 시집

문학과지성사

문학과지성사에서 펴낸 김기택의 시집

태아의 잠(1991)
바늘구멍 속의 폭풍(1994)
소(2005)
낫이라는 칼(2022)

문학과지성 시인선 417
갈라진다 갈라진다

초판 1쇄 발행 2012년 10월 10일
초판 9쇄 발행 2025년 2월 24일

지 은 이 김기택
펴 낸 이 이광호
펴 낸 곳 ㈜문학과지성사
등록번호 제1993-000098호
주　　소 04034 서울 마포구 잔다리로7길 18(서교동 377-20)
전　　화 02)338-7224
팩　　스 02)323-4180(편집) 02)338-7221(영업)
전자우편 moonji@moonji.com
홈페이지 www.moonji.com

ⓒ 김기택, 2012. Printed in Seoul, Korea

ISBN 978-89-320-2346-5 03810

이 책의 판권은 지은이와 ㈜문학과지성사에 있습니다.
양측의 서면 동의 없는 무단 전재 및 복제를 금합니다.

문학과지성 시인선 417
갈라진다 갈라진다

김기택

2012

시인의 말

죄송하지만 또 시집을 낸다. 시 쓰는 일 말고는
달리 취미도 재주도 할 일도 없는 내 뛰어난
무능력과 활발한 지루함과 앞뒤 못 가리는
성실성 탓이다.

2012년 10월
김기택

갈라진다 갈라진다

차례

시인의 말

우주인 2　7
거품　8
넥타이　10
목을 조르는 스타킹에게 애원함　12
할여으에어　14
오늘의 특선 요리　16
대패삼겹살　18
울음 2　20
커다란 나무　22
손톱　24
우산을 잃어버리다　26
구직　29
모녀　32
절룩절룩　34
살갑게 인사하기　36
공사 중　38
풀　40
재활용　42
두 눈 부릅뜨고 주먹을 불끈 쥐고　44

스키니룩　46
똥지게 할아버지　48
개 안에 있는 개　50
파리　52
뚱뚱한 여자　53
오늘의 할 일　56
긴 터널 안으로 들어간다　58
고속도로 4　60
금단 증상　61
생명보험　62
모기는 없다　64
갈라진 몸 꿰매기　67
나는 바퀴를 보면 안 굴리고 싶어진다　68
키 큰 여자　70
여친 어머니 살해사건　72
나귀　74
늙은 개 1　76
늙은 개 2　78
탁상시계　80
말더듬이　82
국수행 전철에서　84
애걸하다　87
혀만 취한 사람　88
버스에도 봄　90
침출수　92
제 남편이에요　94

키스 97
기찻길 옆 산길 98
새울음나무 100
양수리 여름밤 102
뒤통수 104
물방울 얼룩 106
그녀가 죽었을 때 108
바람이 세차게 부는 날 110
번개를 기다림 112

해설 | 콘크리트 바닥에서 솟구치는 푸른 물줄기의 힘
오생근 114

우주인 2

 몸무게 없는 몸으로 그는 검푸른 창공에 홀로 떠 있습니다. 깊디깊은 허공에 익사하여 온통 부력만 남은 무중력 하늘에 둥둥 떠다니고 있습니다. 벌어진 입과 귓구멍 콧구멍에 무한을 가득 채운 채 끝없이 투명한 공기에 매장되어 있습니다. 막힘없이 펼쳐진 하늘에게 목 졸리고 숨구멍 막히고 팔다리 결박되어 우주 쓰레기들과 함께 떠돌고 있습니다. 놀란 입을 벌리고 눈을 허옇게 뒤집고 있는 공포는 아직도 우주선에서 조난당하고 있는 중입니다. 영혼과 천연 방부제가 배합된 우주 공기는 오래 묵은 미라를 칭칭 감아 하늘 높이 별처럼 띄워놓고 있습니다.

거품

방울
위에 방울 위에 방울 위에 방울 위에 방울 위에
방울 방울 방울 방울 방울
방울방울방울방울방울방울방울
방울에 올라타는 방울
다시 올라타는 방울
다시 올라타는 다시 올라타는 다시 올라타는
올라타는 올라타는 올라타는
방울 탱탱한 방울 커지는 방울
더 탱탱해지다 더 커지다
터지는
방울 새로 돋아나는 방울
터지는 터지는 터지는 돋아나는 돋아나는 돋아나는
둥근 방울을 찌그러뜨리며 올라서는
다시 찌그러뜨리며 올라서는 다시 찌그러뜨리며 올라서는
방울을 부풀리는 바람
허물어지는 바람 부푸는 바람 허물어지는 바람

부푸는 방울 덩어리
터져도 다시 돋아 부푸는 방울 덩어리
터져도 부푸는 터져도 터져도 터져도 부푸는
방울을 밀어 올리는 방울 꺼지는 방울 밀어 올리는
방울
꺼지는 밀어 올리는 꺼지는 밀어 올리는
꺼지는 꺼지는 꺼지는
방울 방울 방울 방울 방울
부글부글부글부글부글
방울

넥타이

목이 힘껏
천장에 매달아 놓은 넥타이를 잡아당긴다
공중에 들린 발바닥이 날개처럼 세차게 파닥거린다

목뼈가 으스러지도록 넥타이가 목을 껴안는다
목이 제 안에 깊숙이 넥타이를 잡아당긴다
넥타이에 괄약근이 생긴다

발버둥치는 몸무게가 넥타이로 그네를 탄다
다리가 차낸 허공이 빙빙 돈다

몸무게가 발버둥을 남김없이 삼키는 동안
막힌 숨을 구역질하는 입에서 긴 혀가 빠져나온다

벌어진 입이 붉은 넥타이를 게운다
수십 년 동안 목에 맸던 모든 넥타이를 꾸역꾸역
게운다
게워도 게워도 넥타이는 그치지 않는다

바닥과 발끝 사이
아무리 발버둥쳐도 줄어들지 않는 한 뼘의 허공이
사람을 맨 넥타이를 든든하게 받쳐주고 있다

목을 조르는 스타킹에게 애원함

눈빛으로
목구멍이 막혀 눈빛으로
손발이 테이프로 꽁꽁 묶여 눈빛으로
말할 수 있는 건 눈 하나밖에 없어 눈빛으로
막힌 목구멍 대신 눈동자를 뚫고 나올 것 같은 비명으로
눈구덩이로 튀어나온 심장 같은 벌건 눈알로
살갗을 울퉁불퉁 뒤틀며 찢고 나올 것 같은 근육으로
숨 막힌 공기를 들이마시려고 한껏 벌어져 있는 입으로
공기 한 방울 맛보려고 입 밖으로 길게 빠져나오는 혀로
그 입에서 눈물처럼 뚝뚝 흘러나오는 침으로
빨간 루주 밑에서 점점 창백해지고 새파래지는 입술로
방금 성폭행당한 요도(尿道)에서 나오는 뜨거운 오줌으로

팬티와 치마와 에쿠스 시트가 다 젖는 줄도 모르는 떨림으로
　목 조르는 팔뚝 속으로 스며드는 월척 같은 파닥거림으로
　그 꿈틀거림으로 더욱 짜릿해져가고 있을 손맛으로
　그 손맛 때문에 더욱 단단하게 조여지고 있을 모가지로
　아무리 격렬하게 발버둥쳐도 고요하기만 한 모가지로
　빨간 스타킹 자국을 감싸고 있는 새하얀 모가지로

할여으에어

불이 살을 녹여 얼굴을 지우고
손가락 발가락을 지우고
콧구멍을 막았다
병원이
녹은 얼굴에 두 개의 구멍을 뚫어
호흡만 겨우 이어놓았다
녹은 살 속에 숨어서
벌겋게 벌거벗은 한 사람이
두 손으로 '불'알을 꼭 가리고 웅크려
신음하고 있었다
(얼마나 깊고 어두울까
누구도 들어갈 수 없는 그 속은)
익어버린 혀가 침묵하는 동안
신음은 컴컴한 바람 소리의 힘으로
간신히 발음 하나를 만들었다
할여으에어

고기 냄새가 난다

불판 위에서 맹렬하게 들썩거리는 소리가 난다
지독한 발음 냄새가 난다
살려주세요

오늘의 특선 요리

 높은 바람과 구름을 타고 다니는 독수리 날개의 넓고 튼튼한 부력만을 골라 냉장 숙성시킨 후에 구웠습니다.

 하루 중 가장 차갑고 맑은 시간에 터져 나오는 새벽닭의 힘찬 울음만을 엄선하여 바삭바삭하게 튀겼습니다.

 시속 111킬로미터로 달리는 치타의 근육이 만들어 내는 팽팽한 탄력만 가려내 담백하게 고았습니다.

 발톱과 이빨이 간지러워 우는 고양이의 갓난아기 울음에서 애절한 눈빛만 솎아내 고소하게 볶았습니다.

 수천 미터 밖 물살의 힘과 방향을 읽는 물고기 지느러미를 푹 끓여 고감도 감각만을 진하게 우려냈습니다.

두근거리는 토끼의 심장에서 연한 놀람과 어린 두려움을 떨림이 살아 있는 그대로 발라내 갖은 양념에 무쳤습니다.

주인을 향해 막무가내로 흔들어대는 개 꼬리에서 명랑하게 들뛰는 유전자만을 갈아 즙을 냈습니다.

씹지 않아도 녹아서 핏줄로 전율하며 스며드는 육질과 육즙의 싱싱한 발버둥만을 양념으로 사용했습니다.

대패삼겹살

대패로 깎아 무얼 만들겠다는 거지?
100퍼센트 돼지로 만든 식탁
삼겹살과 핏줄과 신경의 무늬가 생생한 책장과 장롱
숨 쉬는 통돼지로 기둥을 세우고 벽을 만들어
친환경이라는 목조 주택
신문에 끼어 온 전단지에서 본 그 광고들인가?

전기톱은 깊은 숲으로 가서
아름드리 라지화이트종 한 마리를 골라 베었겠네
잎과 가지가 다 흔들리도록 비명을 지르다
그루터기만 남기고 돼지는 풀썩 쓰러졌겠네
고소한 비린내가 나무 향이 되도록
사방으로 튀던 피와 비명이 무늬목이 되도록
얼마나 오랫동안
대패는 그 돼지를 쓰다듬고 핥으며 길들였을까

건강에는 역시 채식이 최고야
성인병도 예방하고 환경도 살리는 웰빙 음식 아닌가

가구나 집이 지겨워지면
미련 없이 부수어 불판 위에 올리게
구워지면서 나무는 비로소 돼지고기가 된다네
참 오래 살고 볼 일이구먼
이 생생한 삼겹 나이테살 좀 보게
이토록 완벽한 돼지고기 맛 퓨전 채식을 먹게 되리라고
예전에 누가 꿈이라도 꾸어보았겠나

울음 2

온몸이 얼굴을 쳐다보고 있다
온몸이 얼굴을 향해 몰려오고 있다
온몸이 녹아 눈에서 흘러나오려 하고 있다

떨림과 후들거림을 지나서 오고 있다
몸의 기운을 다 빨아들이며 오고 있다
심장과 허파를 가늘게 베며 오고 있다
뇌수에서 생각을 지우며 오고 있다

울음이 꽉 다문 입술을 찢고 나오기 전에
뺨과 목을 뚫어 입으로 만들기 전에
눈알에 금이 간다 시야가 깨진다
깨진 유리 조각들이 뺨으로 흘러내린다
몸 안의 것들은 세차게 흔들리지만
내장에 깊이 박힌 슬픔은 떨어지지 않는다

근육 속에서 주름 밑에서 눈물이 일어나
얼굴 가죽이 울퉁불퉁 들뜨고 있다

두개골을 뚫고 나오려다 막힌 울음이
몸 안을 다 돌아다니며 행패를 부리다가
손가락 발가락에서 마구 돋아나고 있다

커다란 나무

나뭇가지들이 갈라진다
몸통에서 올라오는 살을 찢으며 갈라진다
갈라진 자리에서 구불구불 기어 나오며 갈라진다
이글이글 불꽃 모양으로 휘어지며 갈라진다
나무 위에 자라는 또 다른 나무처럼 갈라진다
팔다리처럼 손가락 발가락처럼
태어나기 이전부터 이미 갈라져 있었다는 듯 갈라진다
태곳적부터 갈라져 있는 길을
거역할 수 없도록 제 몸에 깊이 새겨져 있는 길을
헤아릴 수도 없이 가보아서 눈 감고도 알 수 있는 길을
담담하게 걸어가듯이 갈라진다
제 몸통에서 빠져나가는 수많은 구멍들이
다 제 길이라는 듯 갈라진다
갈라지지 않으면 견딜 수 없다는 듯
조금 전에 갈라지고 나서 다시 갈라진다
다시 갈라진다 다시 갈라진다 다시 갈라진다

다시다시다시 갈라진다
갈기갈기 찢어지듯 갈라진다
뱀의 혀처럼 날름거리며 쉬지 않고 갈라진다
점점 가늘어지는데도 갈라진다
점점 뒤틀리는데도 갈라진다
갈라진 힘들이 모인 한 그루 커다란 식물성 불이
둥글게 타오른다 제 몸 안에 난 수많은 불길을
하나도 놓치지 않겠다는 듯
맹렬하게 갈라지고 있다

손톱

방금 전에 분명히 깎은 것 같은데
손톱이 벌써 길게 자라 있다.
그동안 잘라냈던 자리를 다 밀어내고
그 자리를 꽉 채우고 있다.
초침 지나간 자리처럼 빈틈이 없다.
손톱이 있던 자리에 수많은 눈금이 새겨져 있다.
잘라낸 손톱 길이만큼 딸아이가 자라 있다.
딸아이가 보는 동안에도
손톱은 딸아이 키만큼 또 자라고 있다.
아무리 빨리 달려도
손톱 자라는 속도를 쫓아갈 수 없다.
손톱 자라는 속도에 맞추느라
나는 또 버스를 타고 지하철을 탄다.
신호등마다 정류장마다 서는 답답한 속도에 화를 내며
택시로 갈아탄다.
손톱 자라는 속도를 먹여 살리느라
출근하고 침 튀기며 말하고

조금이라도 도움이 될 것 같은 사람들에게
친절한 웃음을 다하여 전화를 한다.
이 정도면 꽤 헐떡거리며 달려왔다고 생각했는데
달력을 넘기자마자
또 한껏 자라 있는 손톱이 보인다.
전에 깎아낸 길이보다 더 길게 자라 있다.
한 번도 안 깎은 것처럼 자라 있다.
할퀼 것도 없는데 긴 날을 세우고 있다.
잠깐 전화받고 나서 보면 그 자리에 또 있다.
거울 안에서도 자라 있고
양말을 벗어보면 발가락에 발톱으로도 자라 있고
아침에 눈뜨면 해처럼 둥글게 솟아 있다.
세수하다 손톱을 보고 내 입은 또 쩍 벌어진다.
아이쿠, 또 늦었네.
시간이 벌써 이렇게 되었다니!

우산을 잃어버리다

버스에 오르자마자 우산은 갑자기 난처해졌다.
우산은 자리를 찾아 두리번거렸다가
남의 바지를 두어 번 슬쩍 적셨다가
좌석에 잠깐 기댔다가
바닥에 널브러져 구두들에게 밟혔다가
슬픈 눈이 잠시 헛것에 초점을 맞추는 사이
제가 있어야 할 자리를 찾아 슬며시 없어지고 말았다.

버스 안으로 들어오지 못했던 비는
버스에서 내리자마자 다시 내리기 시작했다.
나는 급히 우산을 찾았으나
우산은 제자리에 깊이 들어가 다시는 나오지 않았다.
당연히 잃어버리기 위해 존재한다는 듯이
오래전부터 비가 그치기만 하면 사라졌다는 듯이
우산은 민첩하게 제 길을 찾아냈다.
오래전부터 정해져 있었다는 듯
스스로 찾아낸 자리를 영영 떠나지 않았다.

비가 내렸으므로 나는 다시 우산이 필요했다.
비가 더 많이 내렸으므로 잃어버릴 더 많은 것들이 필요해졌다.
떨어진 꽃잎들은 껌처럼 바닥에 다닥다닥 붙어 있었고
사람들 손에는 하나같이 우산이 들려 있었다.

우산들은 어떻게 공기 속에서 비 냄새를 찾아내
첫 빗방울이 떨어지자마자 활짝 펴지는 것일까.
눈물은 어떻게 슬픔이 지나가는 복잡한 길을 다 읽어두었다가
슬픔이 터지는 순간 정확하게 흘러내리는 것일까.
저 많은 꽃들은 어디에 숨어 있다가
봄과 나뭇가지에 마련된 자리에 찾아와 한꺼번에 터지는 것일까.
비가 그치면 저 많은 우산들은
어떻게 제 이름이 새겨져 있는 자리를 찾아 일시에 증발해버리는 것일까.

흙바닥에 뒤엉켜 있는 꽃잎들은
어떻게 한 치의 오차 없이 저 자리를 찾아낸 것일까.
슬픔이 흘러나오던 자리는 어떻게 감쪽같이 명랑해지는 것일까.
비가 그치자마자 저 많은 손들은
어떻게 우산을 잃어버린 걸 완벽하게 잊어버리는 것일까.

내 손에 우산이 없는 걸 보고 비는 더욱 세차게 퍼부었다.

구직

여러 번 잘리는 동안
새 일자리 알아보다 셀 수 없이 떨어지는 동안
이력서와 면접과 눈치로 나이를 먹는 동안
얼굴은 굴욕으로 단단해졌으니
나 이제 지하철에라도 나가 푼돈 좀 거둬보겠네
카세트 찬송가 앞세운 선글라스로 눈을 가리지 않아도
잘린 다리를 고무 타이어로 시커멓게 씌우지 않아도
내 치욕은 이미 충분히 단단하다네
한 자루 사면 열 가지 덤을 끼워준다는 볼펜
너무 질겨 펑크 안 난다는 스타킹
아무리 씹어도 단물 안 빠진다는 껌이나 팔아보겠네
팔다가 팔다가 안 되면 미련 없이 걷어치우고
잠시 빌린 몸통을 저금통처럼 째고 동전 받으러 다니겠네
껌팔이나 구걸이 직업이 된다 한들
어떤 치욕이 이 단단한 갑각을 뚫겠는가
조금만 익숙해지면 지하철도 대중목욕탕 같아서

남들 앞에서 다 벗고 다녀도 다 입은 것 같을 것이네
갈비뼈가 무늬목처럼 선명하고
아랫도리가 징처럼 울면서 덜렁거리는
이 치욕을 자네도 한번 입어보게
잘 맞지 않으면 팔목과 발목 좀 잘라내면 될 거야
아무려면 다 벗은 것보다 못 하기야 하겠는가
요즘엔 성형외과라는 수선집이 있어서
몸도 사이즈가 맞지 않으면 척척 깎아주는 세상 아닌가
옷이 안 맞는다고 자살하는 것보단 백번 나을 거야
다만 불을 조심하게나
왜 느닷없이 울컥 치밀어 나오는 불덩이가 있지?
나중에야 어떻게 되건
보이는 대로 아무거나 태우고 보는 불,
시너 한 통 라이터 하나로
600년 남대문을 하룻저녁에 태워먹은 그 불 말이야
불에 덴 저 조개들 좀 보게
아무리 단단한 갑각으로 온몸을 껴입고 있어도

뜨거우니 저절로 쩍쩍 벌어지지 않는가
발기된 젓가락과 이빨이 와서 함부로 속살을 건드려도
강제로 벗겨진 팬티처럼 다소곳하지 않은가
앞으로 쓸 곳은 얼마든지 있을 테니
일자리에 괴로움을 너무 많이 쓰지는 말게
치욕이야말로 절대로 잘리지 않는 안전한 자리라네

모녀

딸의 얼굴이 조금 들어가 있는 엄마가
소곤소곤 뭐라고 이야기하고 있다.
딸이 엄마의 웃음을 똑같이 그리며 웃고 있다.
두 웃음이 하나의 얼굴에서 웃는다.
엄마가 나직나직 이야기할 때
두 얼굴은 모두 엄마가 되었다가
딸이 생글생글 이야기하면
두 얼굴은 금방 명랑한 딸의 얼굴이 되곤 한다.
두 몸에서 나온 하나의 얼굴.
두 얼굴에 맞붙어 있는 한 눈, 한 웃음.
한 웃음 속의 두 입, 두 웃음소리.
서로 단단하게 붙어 있는, 둘로 갈라져버리면
바로 피가 날 것 같은 하나의 얼굴.
한 입으로 이야기하고
한 고개로 끄덕이는 두 얼굴.
엄마의 웃음 속에 있는 딸이 이야기하자
딸 속의 엄마가 무릎을 치며 맞장구친다.
딸의 웃음 속에 들어 있는 엄마가 이야기하자

엄마 속의 딸이 까르르 웃는다.
한참 이야기를 듣던 엄마는
저도 모르게 사십대의 딸이 되어서는
응, 응? 응, 고개를 끄덕이며 어린 대답을 한다.
딸 속의 엄마는 엄마 속의 딸을 대견하게 바라보며
인자한 웃음을 보낸다.
슬픔이 들어갈 틈이 보이지 않도록 명랑한
둘로 갈라진 자국이 없는
하나의 눈, 하나의 코, 하나의 얼굴.
조마조마하도록 가만히 소곤거리는,
하나가 없어진다면
둘 다 영원히 없어져버리고 말 것 같은
십대 엄마와 사십대 딸.

절룩절룩

다리를 절룩거리며 그가 지나간다
머리를 절룩거리며 지나간다
팔과 어깨를 절룩거리며 지나간다
점퍼를 절룩거리며 지나간다
발자국도 절룩거리며 그를 따라간다

아무리 똑바로 걸어도 절룩거린다
다리는 조심조심 걷는데 온몸이 절룩거린다
절룩거리지 않으려고 애쓰다가 더 절룩거린다

그 걸음을 보다가 내 눈이 절룩거린다
그 박자를 따라 내 심장이 절룩거린다
그 공기를 숨 쉰 내 허파가 절룩거린다

절룩거리는 걸음이 지나가는 동안
좁은 골목길은 더 삐뚤삐뚤해진다
기운 전봇대가 좀더 기울고
헐거운 창문과 대문도 더 삐걱거린다

걸음은 벌써 지나갔는데
허름한 간판 하나가 아직도 바람에 절룩거린다
과일 행상 리어카가 울퉁불퉁 지나간다
사과 하나가 툭 떨어져 절룩절룩 굴러간다
막 뛰어가던 아이 하나가 기우뚱하더니
땅바닥에 뺨 갈기듯 넘어진다
가방이 팽개쳐지고 필통과 연필이 절룩절룩 흩어
진다

살갑게 인사하기

목젖을 뭉개고 올라오려는 말을
흰 손이 저절로 주먹이 되려는 말을
상대방을 즉시 씹새끼로 만들려는 말을
눈알에서 빳빳한 뱀 대가리가 곤두서는 말을
무엇이든 손에 닿는 대로 마구 휘두르려는 말을
피가 입으로 몰려 아무 구멍이나 닥치는 대로 쑤시려는 말을
결코 근대화되지 않는 좆의 DNA에 새겨진 모든 짐승이 다 드러나는 말을

꽉 졸라맨 넥타이로 틀어막고
단단하게 채운 바지 지퍼로 틀어막고
이빨과 주름만 웃는 웃음으로 틀어막고
할 말 없을 때마다 하는 날씨 얘기로 틀어막고
닦고 조이고 기름 친 반들반들한 문장으로 틀어막고
존체금안과 고당만복과 하시옵기를 앙망하나이다로 틀어막고
제 주먹으로 제 발로 제 대갈통으로 제 심장으로

제 구역질로 꽉 틀어막고

  반가워요 반가워요 반가워요
  볼 때마다 행복해지는 웃음, 잡을 때마다 마음이
따뜻해지는 이 손을
  다시 만나니 정말정말정말 행복해요

공사 중

　굴착기와 포클레인이 공사 중이다
　땅의 빈틈을 남김 없이 막고 있다가 갑자기 뚫리고 쪼개지고 벗겨지는 아스팔트도 공사 중이다
　어둠 속에 귀와 뿌리를 고요히 박고 있다가 느닷없이 패이고 깎여 벌거벗은 채로 햇빛 아래 끌려 나온 흙도 공사 중이다
　아무 일 없는 듯 가만히 서서 미세하게 떨며 식물성의 비명을 삼키는 풀도 나뭇잎도 뿌리도 공사 중이다
　비가 오나 눈이 오나 온종일 딱딱하게 굳어 있는 벽조차 넓적한 평면과 꽉 막힌 두께를 다해 진동을 흡수하면서 제 안에 보이지 않는 균열을 내는 공사 중이다
　진동하는 땅바닥을 바삐 기어가는 개미도 공사 중 쓰레기 먹다 놀란 파리도 공사 중 꽃에 붙어 꿀을 먹다 소음도 함께 먹는 벌도 공사 중이다
　제 몸에 닿는 것마다 악다구니 진동을 전하는 공기도 공사 중 그 진동을 밀어내는 바람도 공사 중 그 소음과 먼지가 다 들어가는 하늘과 구름도 공사 중이다

닫자니 덥고 답답하고 열자니 포클레인 맹렬한 엔진 소리가 밀려드는 창문도 공사 중이다

굴착기의 기관총 박자와 스피커가 터질 것 같은 비트 사운드에 맞춰 급하게 돌아가는 내 피도 공사 중이다

아무것도 듣고 싶지 않으면서도 모든 소리의 칼날과 송곳과 우격다짐을 빠짐없이 듣고 있는 내 귀도 공사 중이다

그 소음을 신경질을 다하여 받아내 심장과 허파와 신경망과 뉴런과 똥오줌에 고스란히 넣어주는 내 몸도 공사 중이다

풀

콘크리트 바닥이 금이 가는 까닭은
단단한 등딱지가 쩌억, 쩍 갈라지는 까닭은
밑에서 쉬지 않고 들이받는 머리통들이 있기 때문이다.
콘크리트가 땅을 덮고 누르기 전
그곳에 먼저 살던 원주민이 있기 때문이다.
콘크리트 밑에 깔린 수많은 물줄기들이
봄이 오면 깨어나
밖으로 솟구쳐 나오려다 목이 꺾여 죽으면
새 물줄기들이 몰려와 다시 들이받기 때문이다.
물렁물렁한 물대가리들이 치받는 힘에
딱딱한 콘크리트가 간지러워 견딜 수 없기 때문이다.
바위를 뚫는 물방울의 시간이 솟구쳐
콘크리트가 들썩거리기 때문이다.

콘크리트 갈라진 자리마다
푸른 물줄기가 새어 나온다.
물줄기는 분수처럼 솟구쳐 포물선을 그리지만

땅바닥에 뚝뚝 떨어지지는 않는다.
쉬지 않고 흔들려도 떨어지지는 않는다.
포물선의 궤적을 따라
출렁거리는 푸른 물이 빳빳하게 날을 세운다.
약한 바람에도 눕고 강한 바람에도 일어난다.
포물선은 길고 넓게 자라난다.
풀줄기가 굵어지는 그만큼 콘크리트는 더 벌어진다.
연하고 가느다란 풀뿌리들이
콘크리트 속에 빨대처럼 박히자
커다란 돌덩어리가 쭉쭉 콜라처럼 빨려 들어간다.

재활용

지하상가 입구 한구석에 쓰레기가 쌓여 있다.
아무도 치우려 하지 않는다.
지나가던 캔과 담배꽁초와 가래침만 더 쌓인다.
파리 모기가 냄새에 미쳐 앵앵거린다.
발들이 멀찌감치 돌아간다.

하는 수 없이 쓰레기가 꿈틀거리더니
구겨진 넝마 조각과 휴지 들이
서로 끌어안고 스스로 팔다리가 되더니
비틀거리며 일어난다.
자신을 재활용하러 또 어딘가로 떠난다.

이미 폐품이 되어버린 고물 덩어리를
제 몸으로 사용하기.
쓰레기로 숨 쉬기.
마지못해 밥을 씹어 그 쓰레기를 꿈지럭거리게 하기.
눕자마자 바로 쓰레기 더미가 되기.

모든 쓰레기들의 잠을 깨우며
새벽 수거차가 온다.
종량제 봉투에 담긴 쓰레기만 수거하고 간다.
지하상가 입구 한구석에 여전히 쓰레기가 쌓여 있다.
최선을 다해 더러워져도 아무도 치워가지 않는 노숙자가 누워 있다.

두 눈 부릅뜨고 주먹을 불끈 쥐고

내 성질 같았으면 그 자리에서 몇 놈은 죽어 나갔지

서 있는 것조차 힘들어 보이는 구부정한 노인네가
마른침을 튀기며 앙상한 주먹을 흔들고 있다
불의를 보면 물불을 가리지 않는다는
한 번 한다 하면 대가리가 두 쪽이 나도 하고 만다는
저 주먹은 늙은 가죽 안에서 파르르 떨고 있다
지팡이가 받쳐주지 않으면 당장 꺾일 것 같은 관절에 기대고 있다

하룻밤에 천 미터 봉우리를 너끈히 오르내릴 것 같은 팔다리들은
이두박근 삼두박근 대흉근 초콜릿복근 들은
다 회의 중이고 운전 중이고
열 번을 전화해도 계속 통화 중이고
돈이 왔다 갔다 하는 급한 일 때문에 잠시도 한눈팔 겨를이 없고
3차까지 갔다가 새벽에 대리운전으로 들어가 잠깐

눈 붙이고 나와서 사우나하느라 촌음이 아까운데

  이런 놈들한테는 말로 할 것도 없어
  대갈통이 깨지고 다리몽둥이가 분질러져 봐야 세상
무서운 걸 알지

  두 눈 시퍼렇게 뜨고 있다는 정의와 진실은
  어르신을 앞에 두고 전철 좌석에 버젓이 앉아 있는
학생 앞에서나
  틀니가 빠지도록 큰소리치고 있다

스키니룩

나는 깜짝 놀라기로 했다.
틀림없이 아무것도 입지 않은 아랫도리가
내 앞으로 오고 있었던 것이다.
그럴 리가 없다고 내 틀에 박힌 눈을 엄하게 꾸짖고 나서
내숭으로 관록이 붙은 점잖은 눈으로
맨다리를 지긋이 바라보았다.
그럼 그렇지. 대낮에 거리에서 다 벗고 다닐 리가 없지.

그녀는 희고 미끈한 피부를 입고 있었다.
내 시선에서 근육과 핏줄을 확 빨아들이는
고탄력 피부를 입고 있었다.
내 시선에서 난폭하게 뽑아낸 올로 촘촘하게 짠
천연 섬유를 입고 있었다.
내 시선에서 침 흘리는 혀를 길게 늘여
엉덩이부터 복사뼈까지 남김없이 핥는 촉감을 입고 있었다.

다리가 스스로 뿜어내는 스키니룩을 입고 있었다.
안 입은 느낌을 입고 있었다.

다 입고도 안 입은 다리가 킬힐을 신고 있었다.
안 입고도 다 입은 다리가 벨트를 매고 있었다.
피부 속에 온몸의 영혼이 다 들어 있는 스키니룩 때문에
다 보았는데도 이제 막 처음 보는 것 같은 스키니룩 때문에
어쩔 수 없이 나는 깜짝 놀라기로 했다.

똥지게 할아버지

    똥물의 단맛이 흙과 딸기와 참외에 잘 배어들도록
    똥맛을 본 뿌리와 줄기에도 불끈불끈 힘이 붙도록
    똥에서 뜨거운 해장국 냄새가 나도록
    그 국물의 힘으로 이른 아침의 두통과 숙취가 풀리도록
    온종일 똥과 붙어 다니던 똥지게 할아버지.
    양어깨를 바닥으로 끌어당겨 허리가 가파르게 휘어지는
    똥통의 끈질긴 무게에서
    어깨 떡 벌어진 아들의 무게가 나오도록
    간지러운 손자의 무게가 매달리도록
    늘 똥통을 지고 다니던 똥지게 할아버지.
    걸음에 맞추어 넘칠 듯 찰랑거리는 똥통에서
    아이 칭얼대는 소리가 들리도록
    죽거나 흩어진 식구들 웃음소리가 들리도록
    돌 많은 언덕길을 오르내렸던 똥지게 할아버지.
    아직도 체온이 다 빠져나가지 않은 똥
    아직도 불편한 소리가 소화되고 있는 똥

짜고 맵고 얼큰한 성깔이 곰삭아 걸쭉한 진액이 된 똥

그 냄새를 허파 가득 담고 다니던 똥지게 할아버지.

그 똥 냄새 나는 숨쉬기로 심장에 거친 탄력이 붙어서

된똥의 굵기만 한 단단한 근육이

똥색 종아리에 울퉁불퉁 새겨졌던 똥지게 할아버지.

똥지게를 짊어지지 않은 어느 주말

결혼식장에 나타났을 때

낡은 양복 속에 쪼그라든 주름이 되어 있던

그러나 똥지게 없이도 넓은 실내를 가득 채운 똥 냄새만큼은

싱싱했던 똥지게 할아버지.

개 안에 있는 개

부지런히 종종걸음을 치다가
갑자기, 꼭 그래야만 한다는 듯이, 멈추어
그놈은 뒤를 돌아보았다.
들켜도 어쩔 수 없는 얼굴을 들어 나를 보았다.
개의 몸에서 한 치도 빠져나올 수 없는 개
나자마자 개로 굳어져버린 개
자신이 개임을 결코 의심한 적 없는 것 같은 눈을 가진 개였다.
나를 쳐다보는 것만으로도
그놈은 제가 가진 비밀을 다 드러내고 있었다.
반드시 개일 수밖에 없는 비밀
한번 들어가면 절대로 개에게서 빠져나올 수 없는 비밀
들켜도 전혀 들킬 수 없는 비밀을
나에게 낱낱이 보여주고 있었다.
햇빛 아래 훤하게 다 드러나도 알 수 없는 힌트 앞에서
그러나 다 경험한 것 같은 비밀 앞에서

나는 속수무책이었다.
너무 많이 보아온 것 같은 눈빛으로
이미 알아보았다는 듯 꼬리를 흔들고 있는 눈빛으로
어쩌면 내 것이었는지도 모르는 눈빛으로
그놈은 나를 재미있게 쳐다보고 있었다.
마주친 순간, 그놈의 눈과 내 눈은 세차게 붙어버렸다.
멍하니 선 채 교접한 눈을 떼어내지 못하고 있었다.
개 안에서 나오지 못하는 개와
내 안에서 나올 수 없는 내가
도대체 무엇을 알아보았다는 것인지 꼬리 치거나 웃으며
막무가내로 쳐다보고만 있었다.

파리

쓰다 말고 던져둔 시「거미」위로
파리 한 마리가 내려앉는다.
다리 많은 호기심이 발발거리더니
멈칫,
'거미줄'이란 글자 앞에 선다.
한참 동안 그 자리에 서 있다.
무엇엔가 옭아매인 듯 꼼짝 못한다.
파리는 갑자기 두 앞다리를 모으더니
싹싹 빈다.
서 있어도 저절로 오체투지가 되는 몸으로
빌고 또 빈다.
파리의 시선을 따라가 보니
거미줄에서 몇 글자 건너
'거미'라는 글자가 떡 버티고 있다.
수성 잉크가 번져 글자마다 털이 돋아 있다.
글자들은 꿈쩍도 하지 않는다.
파리도 한 글자가 되어 움직이지 않는다.

뚱뚱한 여자

눈을 떠 보니
어느 작고 어둡고 뚱뚱한 방 안에 들어와 있었다.
뒷덜미에서 철커덕, 문 잠기는 소리가 들렸다.
머리가 너무 크고 무거웠으므로
이마에 굵은 주름이 생기도록
마음을 낮게 구부려야 했다.
창문을 찾아 기웃거릴 때마다
몸에 착 달라붙어 있는 벽도 따라 움직여서
어디가 바깥인지 알 수가 없었다.
우선 눈에 띄는 대로
빛이 뚫려 있는 콧구멍에다 얼른 얼굴을 들이밀고
급한 대로 차가운 빛줄기 몇 가닥을 들이마셨다.
숨통을 통해 바깥이 조금 보였다.
밖으로 나가려고 몇 차례 몸을 뒤틀어보았으나
모든 문은 이미 내 안에 들어와 있었고
나를 찢거나 부수지 않고는 열릴 수 없게 되어 있었다.
아홉 개의 좁은 구멍을 찾아 간신히 빠져나간 건

거친 숨과 땀방울과 뜨거운 오줌과 입 냄새뿐이었다.
숨 쉴 때마다
나를 가둔 벽은 출렁거리며 뒤룩뒤룩 융기하였으며
브래지어는 팽팽하게 부풀었다.
엉덩이며 젖가슴, 겨드랑이, 사타구니까지
막힌 숨이 가득 차 있었고
터져 나가지 못하도록
온갖 시큼하고 구린 비린내로 단단하게 밀봉되어
있었다.
가까스로 내가 있는 곳을 찾아내어 살펴보니
거울 속이었다.
어항 같은 눈을 뻐끔거리고 있는 얼굴이
살 속에 숨은 눈으로 살살 밖을 쳐다보는 얼굴이
포르말린 같은 유리 안에 담겨 있었다.
나자마자 마흔이었고 거울을 보자마자 여자였다.
그렇게 관리를 하지 않고서야
언제 시집이나 한번 가볼 수 있겠냐는 소리가
방 안을 쩌렁쩌렁 울리며 들어왔다.

그게 구르는 거지 걷는 거냐고
내 뒤뚱거리는 걸음을 놀려대는 소리가
벽을 뚫고 살을 콕콕 찌르며 들어왔다.
움직일수록 더 세게 막혀오는 숨통을 놓아주기 위해
나는 방 하나를 통째로 소파 위에 누이고
개처럼 혀를 다해 헉헉거렸다.

오늘의 할 일

가만히 앉아 숨쉬기

모든 구멍에서 나오는 구리고 비린 나를 들이마시기
제 못난 곳을 악착같이 감추어오다 감춘 사실마저 낱낱이 들키기
생긴 대로만 앉아 있어도 저절로 웃기는 놈, 비열한 놈, 한심한 놈이 되기
머리통에 피가 몰리는 기억을 꺼내 터진 뇌혈관 다시 터뜨리기
단단한 벽으로 된 입과 귀에다 깨지기 쉬운 간절한 말을 쑤셔 넣기
욕이 되려는 분노를 억지로 우그러뜨려 누르고 밝게 웃으며 대답하기
터져 나오는 비명을 녹여 나에게만 들리는 진한 한숨으로 바꾸기
숨구멍 막는 끈끈한 가래 같은 숨을 조심조심 뚫어가며 숨쉬기
긁으면 더 가려워지는 가려움, 긁느니 잘라내고 싶

은 가려움을 긁어 키우기
　고삐를 잡아 쥐고 있는 힘을 다해 잡아당겨도 안 오는 잠을 강제로 자기

　그냥 있기만 하기

긴 터널 안으로 들어간다

밤낮이 없는 어둠 속으로
아직도 선사시대인 어둠 속으로
빠른 시간이 지나간 적 없는 어둠 속으로
죽어서야 들어간다는 어둠 속으로
썩은 죽음만 먹는 뿌리들이 산다는 어둠 속으로
숨 쉬는 콧구멍은 들어갈 수 없다는 어둠 속으로
수만 년 동안 죽은 자들이 차지하고 있다는 어둠 속으로

제 눈처럼 스스로는 볼 수 없는 어둠이 되어
해골에 달린 눈구멍처럼 시력을 빨아들이는 어둠이 되어
아무리 크게 떠도 사방팔방 눈꺼풀이 눈을 덮는 어둠이 되어
갑자기 몸은 다 없어지고 허공에 멀뚱멀뚱 눈알만 남는 어둠이 되어
나를 둘러싼 거대한 눈알이 한 점 허공인 나를 쳐다보고 있는 어둠이 되어

긴 대롱을 지나야 그 끝에 간신히 숨구멍 뚫린 허파가 있을 것 같은 어둠이 되어

소음과 진동이 좁은 대롱 안에서 빠져나가지 못하고 미친 듯이 돌며 터널 벽을 긁어대는 어둠이 되어

고속도로 4

트럭 앞에 속도 하나가 구겨져 있다.
부딪쳐 멈춰버린 순간에도 바퀴를 다해 달리며
온몸으로 트럭에 붙은 차체를 밀고 있다.
찌그러진 속도를 주름으로 밀며 달리고 있다.
찢어지고 뭉개진 철판을 밀며
모래알처럼 사방으로 흩어지는 유리창을 밀며
튕겨 나가는 타이어를 밀며
앞으로 앞으로만 달리고 있다.
겹겹이 우그러진 철판을 더 우그러뜨리며 달리고 있다.
아직 다 달리지 못한 속도가
쪼그라든 차체를 더 납작하게 압축시키며 달리고 있다.
다 짓이겨졌는데도 여전히 남아 있는 속도가
거의 없어진 차의 형체를 마저 지우며 달리고 있다.
철판 덩어리만 남았는데도
차체가 오그라들며 쥐어짠 검붉은 즙이 뚝뚝
바닥에 떨어져 흥건하게 흐르는데도
속도는 아직 제가 멈췄는지도 모르고 달리고 있다.

금단 증상

길게 늘어선 차들 사이에서 점점 느려지던 버스가 아예 멈춰버리자
의자에 조용히 붙어 있던 사람들이 움직이기 시작한다
의자는 자꾸 엉덩이를 들었다 놓고
손가락들은 목과 뒷덜미를 긁고
모가지들은 아무리 기웃거려도 움직일 생각 없는 창밖을
연신 두리번거린다
꿈쩍도 하지 않는 버스를 움직여보려는 듯
발들이 동동 구른다
땅바닥에 굳게 붙박인 나무와 건물이
계속 달리지 않는다는 사실을 도저히 참을 수 없다!
이 모든 게 핸드폰의 잘못이라도 되는 양
입들은 핸드폰에게 야단을 치고 짜증을 퍼붓는다
속도의 단맛에 중독된 유리창이
수전증처럼 덜덜 떤다
엔진은 곧 폭발할 듯 으르렁거리지만
근질근질한 바퀴는 터질 듯한 공기를 꾹 누르고 있다

생명보험

병원마다 장례식장마다 남아도는 죽음,
밥 먹을 때마다 씹히고
이빨 사이에 고집스럽게 끼어 양치질해도 빠지지 않는 죽음이
오늘 밤은 형광등에 다투어 몰려들더니
바닥에 새카맣게 흩어져 있다.

삶은 언젠가 나에게도 죽음 하나를 주리라.
무엇이든 받을 준비가 되어 있는 내 두 손은
공짜이므로 넙죽 받을 것이다.
무엇이든 손에 들어오는 것은 일단 움켜쥐고 볼 일이다.
걱정은 나중에 해도 된다.

그렇잖아도 죽음에 투자하라고
부동산 투자보다 훨씬 안전하고 수익도 높다고
투자만 해놓으면 다리 쭉 펴고 맘 놓고 죽을 수 있다고

보험설계사가 솔깃한 제안을 해왔다.

죽음에는 다리들이 참 많이도 달려 있다.
이젠 길이 땅에서 하늘로 바뀌었다는 듯
하나같이 다리들을 하늘을 향해 높이 쳐들고 있다.
세상 모든 죽음을 낱낱이 겪어 알고 있으면서도
허공은 아무 대책이 없다.

공짜였던 죽음이 언제부터 선불로 바뀌었나요?
선불이 아니라, 아버님, 가족에 대한 사랑이에요.
보장성과 수익성이 풍부한 사랑이요.
사랑이 얼마나 진실한지 견적 뽑으면 다 나와요.
죽음에다 돈과 사랑이 쏟아져 나오는 투자를 하고 나면
어서 죽고 싶어 온몸이 근질근질해질 거예요.

모기는 없다

내 손이 갑자기 내 뺨을 매몰차게 때린 것은
손바닥과 뺨 사이에 모기가 있었기 때문이다.
뺨따귀를 얼얼하게 맞고 나서야 모기가 없다는 걸 알았다.

모기 소리가 들리자마자 피가 다 가렵다.
핏줄을 긁으니 살갗이 벌겋게 부어오른다.
뇌 한가운데를 가는 철사 핏줄이 관통한다.
잠은 눈을 말똥말똥 뜨고 계속 잘 것인지 묻는다.
어제 잤던 잠까지 모두 깨어난다.

수없이 모기를 죽였지만 모기 소리까지 죽이진 못했다.
모기 소리를 죽인다 해도
귓구멍 뿌리에 붙박여 있는 소리까지 죽이진 못할 것이다.
귓구멍 뿌리에 붙박인 소리를 죽인다 해도
이미 뇌수가 되어버린 소리까지 죽이진 못할 것이다.

냉장고 모터 도는 소리, 커피포트 물 끓는 소리 속에
모기 소리들은 건재하다. 파리채와 모기약이 닿지 않는
모든 틈새에 안전하게 숨어 있다.
창밖에서 음산하게 아우성치는 바람 소리, 아이들 떠드는 소리도
금방 피 빠는 주둥이와 피를 돌리는 날개가 된다.
모기는 내 몸속에서 수챗구멍과 침대 밑과 변기를 찾아내어
다시는 잡히지 않도록 숨는다.

몸통만 피를 터뜨리며 으깨지고
머리통에 박힌 소리는 털끝 하나 다치지 않은 소리들은
이명(耳鳴)과 이식(耳識)이 닿는 곳은 어디든 새카맣게 붙어 있다.
어떤 두통도 바로 소리로 번역된다.

모기는 없다!
고 외치는 순간 모기 소리가 다시 울려댄다.
눈치 없는 손이 뺨과 종아리를 맹렬하게 긁어대기 시작한다.

갈라진 몸 꿰매기

의자에 꽉 붙어
떨어지려 하지 않는 엉덩이를 억지로 떼어내
산에 오른다 기진맥진
약수터에서 찬물 한 모금 들이키자
마른 모래에 물 스며드는 소리 들린다
갈라진 세포에 물 들어가는 소리 들린다
살들이 일제히 내지르는 비명이다
살 깨지는 소리가 뻥튀기하는 소리만큼 크다
따끔따끔하다
멍멍하다
찬 물 바늘이 바싹 마른 상처를 찌르고 있다
찔린 자리마다 돌기가 일어나고 있다
물 두어 모금을 마시고도 나는 거친 숨 몰아쉬며
심장이라도 꺼낸 듯 헉헉거린다
한 발짝도 더 올라가지 못하고
몸이 다 터지도록 기다린다
물 바늘이 마른 균열을 일일이 꿰매도록 기다린다
끝까지 기다릴 엄두가 나지 않는다

나는 바퀴를 보면 안 굴리고 싶어진다

하루 종일 내가 한 일은
바퀴 굴린 일
할 일 없는 무거운 엉덩이를 올려놓고
무늬가 다 닳도록 바퀴나 굴린 일

미안하다
무슨 대단한 일이나 있는 줄 알고
시키는 대로 좆 빠지게 돈 바퀴들에게
뜨겁고 빵빵한 바퀴 속에서
터지지도 못하고 무작정 돈 둥근 공기들에게

가도 그만 안 가도 그만인 문학 행사
봐도 그만 안 봐도 그만인 얼굴들
늘 뚫려 있어서 심심한 구멍들을 채우느라
괜히 비운 밥그릇과 술잔 들

이토록 먼 곳까지 왔으니
시인으로서 뭔가는 남겨야 하겠기에

문학적인 체취가 은은하게 묻어나는 사인처럼
정성껏 남기고 온 똥오줌

미안하다
배부른 엉덩이 밑에서
온몸으로 필사적으로 뺑뺑이 돈 바퀴들에게

키 큰 여자

내가 쳐다보고 있는 순간에도
그녀는 계속 자라고 있다.
내 시선에서 수분과 양분을 쫙 빨아들이며
수직으로 올라가고 있다.
어느새 나는 까치발을 들고 목을 길게 늘여
그녀를 올려다보고 있다.
이미 충분히 높은데도
발과 다리는 분수처럼 키를 뿜어 올리고 있다.
땅바닥 닿은 자리마다
킬힐은 즉시 깊은 구멍을 뚫어 지하수를 퍼 올리고
물은 연어 꼬리처럼 사납게 물방울을 차며
공중으로 솟아오른다.
곧은 직선이 무서운 기색도 없이* 솟구치다가
팔과 젖가슴에서 몇 방울 튀다가
머리 위에서 환한 부챗살 햇빛을 받으며
사방으로 둥글게 휘어진다.
그녀의 키가 내 눈에 찰랑찰랑 고인다.
몇 방울은 뺨 위로 주르르 흘러내린다.

고개를 내렸다가 다시 올려다보면
그녀는 온몸으로 내 시선을 남김 없이 갈취하여
곧은 다리 곧은 허리로 키를 만들고 있다.
직선을 빼앗긴 내 키가 구부정하게
졸아들어 있다.

* 김수영의 「폭포」 "곧은 절벽을 무서운 기색도 없이"에서.

여친 어머니 살해사건

그가 폭발물이었다는 것을
온몸이 뇌관으로 덮여 있었다는 것을
작은 진동만으로도 온몸의 뇌관이 반응한다는 것을

여친도 그녀의 어머니도 몰랐다고 한다.
그가 여친 어머니에게 인사 갔을 때
지나가는 실바람 같은, 얼떨결에 나온 한숨 같은,
내리까는 곁눈질 같은, 발음이 다 달리지 않은 중얼거림 같은
여친 어머니의 한마디가
결혼하고 싶어 몸이 단 뇌관을 건드리고 말았던 것.

여친의 집을 다녀온 뒤
'달랑 불알 두 쪽'과 '뻔뻔스러운 무능력'은 알코올이 닿자마자
비아그라 먹은 듯 부풀고 단단해져
다시는 수그러들지 않았다고 한다.
말은 없었지만 움직임은 거칠었고

잠자리에서는 더 격렬하게 뒤척였다고 한다.

마침내 아침까지 눈이 벌겋게 충혈된 뇌관은
상자에 칼과 수갑을 넣고
헬멧이 육탄돌격하는 오토바이를 타고 단숨에 달려와
여친의 빌라에서 벨을 누르고 소리쳤단다.
택배 왔습니다.

나귀

내 얼굴을 빤히 쳐다보다가
내가 같이 쳐다보자
안 그런 척 나귀는 슬쩍 눈을 돌렸다.
긴 인조 속눈썹을 단 여학생 같은 눈을
조용히 내리깔았다.
털가죽 속에서 흰 뺨이 붉어졌을 것이다.
희고 길고 가는 손가락들을
뭉툭한 발굽 어느 곳엔가 얼른 감췄을 것이다.
눈알 속은 넓고 넓어
하늘이 다 보일 것 같고
내장과 비린내와 부끄러움이 다 들킬 것 같은데,
그 안으로 머리를 집어넣고 바닥까지 들여다봐도
아까 보았던 그 여학생은 없고
학교와 학원에서 하루 열여섯 시간을 견딘
무거운 책가방도 어디에 숨겼는지 보이지 않았다.
억센 등뼈와 딴딴한 근육과 거친 숨소리만
열심히 나귀를 견디고 있었다.
눈이 너무 커서 다 내리까는 데

10분은 족히 걸린 것 같았다.
내가 쳐다보는 동안
나귀는 질긴 가죽 안에서 꿈쩍도 하지 않고
귀만 쫑긋 열어놓은 채 이렇게 말하고 있는 듯했다.
나, '귀'야.

늙은 개 1

희고 부드러운 털 안에 숨어
늙음은 시치미 떼고 무럭무럭 자라나지만
무관심조차 귀찮아진 표정까지 다 가릴 수는 없다

주름진 가죽 안에 고작 개 한 마리 가두어놓고
시간은 둔해진 팔다리와 허리를
축 늘어뜨리고 있다
마음 닿지 않는 곳이 시키는 대로
눈꺼풀 근육만 아직도 끔벅거리고 있다
주인이 들어오면
팔짝팔짝 뛰던 종아리와 짖던 소리는
꼬리에 마지못해 붙어 느릿느릿 흔든다
이젠 고기 냄새에 미친 콧구멍이나
발바닥이 가려운 발정도
털 안에서 사는 것들을 마음껏 괴롭히진 못한다
끔벅거리는 눈 안에 숨어
아는 얼굴 하나가 능청스럽게 나를 쳐다본다

이젠 개와 나의 경계도 점점 늙어가고 있다
죽어서 서로 똑같아질 때까지
늙음은 천천히 개와 사람의 차이를 지워간다
늙음이 몰래 삶을 지우고 있을 때
개도 따라서 조금씩 지워지고 있다
그 모든 것을 이미 알고 있었다는 듯
늙은 개는 차츰차츰 움직임을 줄여나가고 있다
개였던 모든 것을 줄여나가고 있다

개도 사람도 아닌 것이
안락의자 위에 한껏 늘어진 채
돋보기 같은 눈으로 텔레비전을 보고 있다

늙은 개 2

저 무진장한 허공이 다 시간인데

하릴없는 시간은 많기도 많아
하늘에다 잔뜩 구름이나 얹어놓고 있는데
산에 가득한 나무와 풀을
하나도 빼놓지 않고 느릿느릿 키우고 있는데
흘러간 강물만큼
그 자리에 그대로 또 강물을 풀어
오늘도 푸른 물결이나 가득 흘려보내고 있는데

개는 고집스럽게 개줄의 반경 안에만 갇혀 있다
끝없이 퍼져 있는 허공에다
더듬이를 들이밀고
작은 소리 희미한 냄새까지 다 잡아채지만

천지간에 가득 찬 시간도
개가죽 속으로 들어오기만 하면
개줄 바깥으로 한 발짝도 나가지 못한다

잠깐이라도 움직이지 않으면 박제가 되어버릴 것
같아
가끔 눈을 끔벅거리거나 꼬리를 촐랑대고 있다

먹이를 찾고 암내를 쫓아다니느라
콧구멍과 발바닥이 쉴 틈이 없었는데
너무 세차게 꼬리를 흔들어 꼬리뼈가 아플 지경이
었는데

그놈도 이젠 뭔가 눈치를 챈 것 같다
주인이 올 때마다 맹렬하게 흔들어대던 꼬리 속에도
깊고 컴컴한 굴이 있다는 걸 알아채고는
그 안으로 들어가 웅크리고
시력이 있는 동그란 울음 두 알로
주인이 부르는 소리를 멀뚱멀뚱 쳐다보고 있다

탁상시계

　내 낡은 탁상시계는
20년이 넘은 낡고 거친 소리를 낸다.
빽빽한 관절 소리, 가래 끓는 듯한 잡음이
아직은 정정하고 우렁차다.
너무 오래 곁에 두고 있어서인지
그 큰 소리도 귀가 되어버린 것 같다.
그 소리는 오랫동안 폐로 들어와 숨을 쉬었고
책 읽을 때마다 박자를 맞춰주었으며
밥 먹을 때면 이빨 사이에서 규칙적으로 씹히곤
했다.
　이미 내 심장 속으로 들어와
마음껏 쿵쿵거리며 늙어왔다.
이제 가끔은 내 위장도 배고프면 재깍재깍 울며
내 입도 재─깍, 트림을 하는 것이다.
약속에 5분이라도 늦으면 두통이 얼마나 재깍거리
는지
　온몸이 허둥지둥, 안절부절이 되기도 한다.
　시계가 가장 기분이 좋은 때는

내가 막 잠들려고 하는 조용한 시간.
다른 젊은 소리들이 거의 잠든 틈을 타
제 낡은 몸에서 명랑한 어린애 웃음을 꺼낸다.
시계 소리가 너무 커서 잠이 올까 싶다가도
꿈에 닿자마자 말이 되기도 하고 뜀박질이 되기도 한다.
시계 옆에 가만히 있으면
재깍재깍 소리가 나는 곳은 내 심장이나 맥박이다.
관절이나 목뼈도 촉각촉각 소리를 낸다.
얼굴 주름이나 손금도 시계 눈금마냥 촘촘해진다.
트림에서는 독한 시간의 냄새가 난다.
그동안 먹은 소리들이 조금씩 몸 밖으로 새어 나오는 것이다.

말더듬이

입은 벌써 벌어졌는데
목젖은 팽창하여 말이 나갈 구멍을 뚫어놓았는데
입술은 오물거리고 혀는 구불거리고 이빨은 공기를 끊어
이미 발음을 만들기 시작했는데
머리에서는 나와야 할 문장이 다 익어가는데
팔과 손가락은 허공을 섬세하게 주물러
말에 알맞은 제스처를 잘 반죽해놓았는데

아직도 말이 나오지 않는다

목구멍이 말 대신 먼저 나오려 하는데
눈알은 단어가 되려고 이리저리 구르는데
콧구멍도 말이 나오느라 간지러워 벌름거리는데
어떤 말은 팔이 되어 상형문자를 휘두르는데
들썩거리는 엉덩이는 발바닥으로 내려가 동동 구르는데
항문도 뭔가 할 말이 있는 듯 입술처럼 옴씰거리

는데
   위장에서 소화되고 있는 밥도 말을 밀어 올리려고 우억, 올라오는데

   아직도 말이 나오지 않는다

   말 대신 끈적끈적하고 누런 덩어리 같은 헛바람이
   음성을 반만 입은 헛바람이
   목구멍에 붙어 있는 가래를 싹 긁어낸 헛바람이 나오고
   그 헛바람의 힘으로 말이 붙어 있는 목구멍이 우두두둑 뜯겨 나오는데

국수행 전철에서

한낮에 국수 가는 전철은 한산하다.
노인은 왜소한 몸으로 7인석 좌석을 다 차지하고 앉아
신문을 쌓아놓고 보고 있다.
한쪽 다리를 좌석 위에 턱 얹어놓고
등을 옆으로 기대고 한껏 편한 자세를 취하고 있다.
편할수록 더 결리는 허리.
최선을 다해 자세를 고쳐 앉아보지만
삶은 여전히 바뀌지 않는다.
허리와 어깨는 10초 동안 편안한 척하다가 다시 못마땅해진다.

하루 종일 타도 공짜지만 다 탈 수 없는 전동차들.
텅텅 비어 남아돌아도 다 앉을 수 없는 좌석들.
아무리 많이 버려져 있어도 다 읽을 수 없는 신문들.
에어컨이 질 좋은 찬바람을 공짜로 퍼주어도
짜증만 나는 쾌적함.
물결치는 숲과 강이 보는 눈도 없이 차창 가득 지

나가도
  지긋지긋하기만 한 아름다움.
  보던 신문을 확 던져버리고 의욕적으로 새 신문을 펼쳐든다.
  먼저 본 신문에서 다 본 기사들.
  그놈에 그 사건에 그 인생…… 사이에

  반라의 모델 사진이 있다!
  끊어질 것 같은 수영복 안에서 무언가가 계속 터지고 있다.
  그의 허리가 민첩하게 진지해지고 성실해진다.
  너무 정성껏 여자를 쓰다듬어 눈알에 지문이 생길 지경이다.
  다시 허리가 아파오자 그것도 금방 시들해진다.
  거의 드러눕듯이 앉아본다.
  여기저기 쏘아보는 눈알들.
  한때는 눈치 보는 것도 스릴이 있었지만
  꽉 찬 지하철에서 여자들 틈에 끼어

간이 오그라들도록 엉큼하고 도전적인 짓도 해봤지만
그런 재미조차 싫증난 지 오래다.

처치할 곳이 없어 전철에다 잔뜩 부려놓은 시간.
전동차가 아무리 빨리 달려도 느려터지기만 한 시간.
아까 팔당역이었는데 어째서 아직도 팔당역이란 말인가.
전철이 달리면 잠깐 흐르는 듯하다가 멈추면 함께 정지하는 시간.
죽어라 밀쳐도 안 가는 시간.
고집스럽게 한자리에만 앉아 늙기만 하고 죽지는 않는 시간.

애걸하다

꺼져! 어서 꺼지란 말이야!
너는 거의 울듯이 나에게 소리 지른다
내가 몹시 뜨거웠을 것이다
나에게 된통 데었을 것이다
견딜 수 없이 화끈거렸을 것이다
나는 눈 없고 귀 없고 손 없고 발 없고
막무가내로 힘만 좋아서
아무리 조심해도 너에게 옮겨붙는다
희고 보드라운 네 살결은 사납게 터지고 일그러진다
네가 아무리 입에 힘을 모아 바람을 불어도
불꽃 모양으로 내 몸에 퍼진 피는 꺼지지 않는다
타오르는 액체와 이글거리는 붉음은 꺼지지 않는다
할 수 없이 너는 내 눈치를 보면서
아주 간절하게 최대한 공손하게 눈에 핏발을 세우고
내 불에게 애걸한다
꺼져! 제발 내 앞에서 당장 꺼져버리라구!

혀만 취한 사람

술에 취하지 않았는데도
그의 말에서는 독한 술 냄새가 난다.
알코올에 절인 혀 냄새가 난다.
주정이 마비시킨 발음 냄새가 난다.
느린 혀가 발음을 만들기도 전에
뜨겁고 힘센 말들이 가끔 굼뜬 혀를 깨문다.

보란 듯이 멀쩡한 얼굴 늙은 대머리로
보란 듯이 대낮에 혼란스러운 전철 안에서
팬티도 입지 않은 혀를 덜렁덜렁 내놓고 있다.
단단한 '말' 대가리를 빨아대고 있다.
몇 시간째 지치지도 않고!
아랫도리로는 못 하고 손으로도 못 하고
입으로만 '자유' 행위를 하고 있다.
만취한 니기미 씨발과 씹좆과 개새끼가
혀에서 사정된다. 걸쭉하고 허연 침이
제 몸을 한껏 우려낸 엑기스가
사방으로 튄다. 우글우글한 올챙이들이

그 속에서 죽을힘을 다해 꼬리를 흔들고 있다.

혀에는 오톨도톨 전율이 돋아 있다.
작은 돌기들 모두가 잔뜩 성이 나 있다.
그 말이 내 귓구멍에 딱딱한 대가리를 들이대고
게걸스럽게 쑤셔대는 바람에
귓구멍이 다 늘어나고 헐 지경이다.

버스에도 봄

버스에 앉아 있다 선남선녀
비닐 의자 위에 핀 생화들
꽃향기가 밀어 올리는 말소리 웃음소리
그 싱그러운 봄의 정물 속으로 한 노인이 들어온다
노인이 두리번거리자마자 갑자기
선남선녀 위에 붙어 있는 노란 스티커 '노약자석'
아무리 건강해도
젊은이 못지않은 기력이 뻗쳐도
늙음은 버스 타면 젊은이에게 눈치 주어야 하는 것
앉을 자리 찾느라 부산하게 눈치 보아야 하는 것
선남선녀 앞에 노인이 바짝 다가선다
움직이지 않는 아름다운 정물들
스스로 그림 속에서 나올 수 없는 꽃처럼
노약자석에 딱 붙어버린
그래도 여전히 환하게 빛나는 선남선녀
창밖은 시선을 세차게 잡아당기는 착한 봄 날씨
핸드폰에는 꽃과 함께 도착한 동영상 메일
젊음은 도저히 난처할 겨를이 없다

넘쳐 오르는 색과 향기를 어쩌지 못하고
피어오르는 일 하나만으로도 너무 바쁘다
노약자석에서 일어날 틈이 없다
아무리 위엄 있게 헛기침을 해도
제 기침에 오히려 제 허리가 구부러지는 노인
주름살 속으로 다시 깊숙이 들어가는 장유유서의
눈치
갑자기 바짝 쪼그라든 정정함과 당당함은
노약자석 앞에 어정쩡하게 서 있는데
낡은 버스 실내가 은은한 광채로 넘치도록
출렁거리는 봄 눈부신 선남선녀

침출수

숨 쉴 때마다 그의 입과 콧구멍에서 시체 냄새가 난다.
제 몸속 어딘가가 이미 죽었다는 걸
썩은 진물에 미친 구더기가 들끓는다는 걸
냄새는 이미 눈치채고 있는 것 같다.
그의 코는 시체 냄새와 한통속이 된 게 틀림없다.
폐 벽이 헐어버릴 것 같은 독한 냄새에도
콧구멍조차 벌름거리지 않는다.
종일 혼자 있던 시간은 침묵으로 냄새를 잘 단속하였으나
이윽고 술과 말이 넘치는 저녁이 찾아온다.
굳게 닫힌 입을 술이 녹이자
시체 냄새에 발음이 촘촘하게 달리더니 이윽고 말이 나온다.
벌어진 입을 놓치지 않고 다시 술 담배가 들어가고
알코올은 분해되자마자 씹새끼가 된다.
니코틴으로 코팅된 시체 냄새가
실타래 풀어지듯 느릿느릿

그의 머리 위로 흰 도넛을 그리며 올라간다.
시체 녹은 물을 퉤, 바닥에 뱉고
그는 얼른 찐득한 가래를 뱉어 지독한 국물 냄새를 덮는다.
내 얼굴로 침출수가 튈 때마다
죽은 피부가 여드름처럼 돋아나는 것 같다.
돌로 굳어버린 누런 침출수가 이빨 사이에도 가득 끼어 있다.
어서 치워주기를 기다리며
쓰레기들은 제멋대로 구겨지고 어질러져 있다.
신선한 먼지와 담배 연기가 하품 속으로 빨려 들어가고 있다.

제 남편이에요

나와 그녀와 한 남자가 웃는다
어린애처럼 왜 웃는지도 모르고 깡충깡충 뛰는 웃음을
뛰다가 괜히 신나서 엉덩이를 들썩거리는 웃음을
까르르르 'ㄹ'이 마구 굴러가는 웃음을
가속도 붙은 내리막길로 정신없이 굴러가서 도저히 멈출 수 없는 웃음을
입이며 눈이며 뺨이 제멋대로 휘어지며 흔들리는 웃음을
웃는다, 웃다가

갑자기 끓어넘치는 웃음 한가운데로 들어오는
나와 그녀와 한 남자 사이로 들어오는
'제 남편이에요'

순간, 나오다 급히 멈춰버린 웃음을 입에 문 채 쳐다보는
웃음이 미처 빠져나가지 못해 한껏 커다래진 입으

로 멍하니 쳐다보는
  '제 남편이에요'

  느닷없이 세 사람 사이에 끼어 나를 쳐다보는
  쳐다보는 것만으로도 숨통을 조여오는
  내 눈을 그녀에게서 강제로 떼어 억지로 한 남자를 다시 쳐다보게 하는
  한 남자에서 남편으로 바뀌자마자 눈과 코가 이상한 곳에 붙어버리게 하는
  갑자기 얼어붙은 입을 강제로 벌려 웃게 하는
  내 오른손을 난폭하게 들어 올려 악수하게 하는
  손가락이 부러지도록 꽉 잡고 과장되게 흔들게 하는
  무슨 말을 하는지도 모르면서 반갑습니단가 참 좋으시겠습니단가를 마구 말하게 하는
  '제 남편이에요'

  숨통이 막혀 잘 돌아가지 않는 고개를 있는 힘을 다해 돌려

그녀를 다시 바라보았을 때
처음 보는 이상한 얼굴이 불쑥 나타나게 하는
'제 남편이에요'

키스

처음 네 입술이 열리고 내 혀가 네 입에 달리는 순간
혀만 남고 내 몸이 다 녹아버리는 순간
내 안에 들어온 혀가 식도를 지나 발가락 끝에 닿는 순간
열 개의 발가락이 한꺼번에 발기하는 순간
눈 달린 촉감이 살갗에 오톨도톨 돋아 오르는 순간
여태껏 내 안에 두고도 몰랐던 살을 처음 발견하는 순간
뜨거움과 질척거림과 스며듦이 나의 전부인 순간
두 몸이 하나의 살갗으로 덮여 있는 순간
두 몸이 하나의 살이 되어 서로 구분되지 않는 순간
네가 나의 심장으로 펄떡펄떡 뛰는 순간
내가 너의 허파로 숨 쉬는 순간
내 배 안에서 네가 발길질을 하는 순간
아직 다 태어나지 못한 내가 조금 더 태어나는 순간

기찻길 옆 산길

달리는 창으로 내다보니
흙길 하나가 구불거리며 산언덕으로 올라가고 있다
숲 사이로 올라가는 좁은 산길이다
전동차의 속도는 즉시 그 길을 지우고
터널의 어둠으로 창문마다 두꺼운 커튼을 친다

며칠 후 다시 차창을 내다보니
길은 아직도 그 자리에 있다
아직도 숲 사이 좁은 산길로 올라가고 있다
열심히 구불거리고 있지만 길은 아직도 그 자리에 있다
발자국들만 먼저 올려 보내고 저는 그 자리에 있다
꾸물거리는 길을 앞질러서
밤과 아침만 번갈아 몸 바꾸며 바삐 지나간다
길이 여태껏 그 자리에 있어서
숲도 산도 하늘도 그 주변에 멀거니 있다
길이 다 지나가는 걸 보려다가
몇 년째 그 자리에 붙박여 있다

추위와 어둠에 속속들이 익기만 하고 떠나지는 못하고 있다

기찻길 옆 산길은
길 밑으로 뻗어 있는 뿌리들과
길가에 늘어서 있는 나무들 자라는 속도를 쳐다보고 있다
전동차는 제 속도를 다해 달려왔지만
몇 달째 산길 옆에서 더 나가지 못하고 있다

새울음나무

새는 한 마리도 보이지 않는데
커다란 한 그루 나무에서
가지만큼 이파리만큼 많은 새 울음이 나고 있습니다.
가지가 갈라지는 울음
잎이 달리는 울음
바람 무늬를 따라 흔들리는 울음이
다닥다닥 모여 공중에 둥글게 떠 있습니다.
나무를 세차게 흔들면
굵은 줄기만 전봇대처럼 남고
가지와 잎은 모두 놀란 새가 되어 흩어져버릴 것 같습니다.
잎이 가득 달린 울음은 그러나 모두 가지에 붙어서
제 목청껏 흔들리고만 있습니다.
땅을 뚫고 올라온 통 굵은 울음 한 줄기가
가늘고 길게 갈라지고 퍼지더니
갈라진 만큼 많아지더니
살랑거리는 바람과 반짝이는 햇빛을 가득 매달더니
하늘을 가릴 만큼 무성해져버렸습니다.

바람은 나뭇가지와 잎을 참빗처럼 훑으며 빗어 올려
울음을 꽃씨처럼 멀리멀리 퍼뜨리고 있습니다.
울음을 모두 떠받치고 있느라
줄기는 굵어지고 단단해지고 껍질은 거칠게 갈라져 있습니다.
그 위에 마구 갈라지면서 솟은 웃음은
공중에 솟구치자마자 가벼워지고
바람에 팔랑팔랑 흔들리고 명랑해져서
시끄러운 여학교 교실처럼 둥실 떠 있습니다.
울음의 힘으로 땅은 푸른 거품을 일으키며
뭉게뭉게 부풀어 오르고 있습니다.

양수리 여름밤

양수리 어느 시인의 집에서 밤늦도록 책을 읽는다.
글자들 사이에 자주 조그만 얼룩들이 생긴다.
얼룩은 점점 많아진다.
책에 모기 물린 자국이 가득하다.
글자들이 시원해지도록 책을 벅벅 긁어준다.
창마다 모기장이 있지만
모기장보다 더 작은 날벌레들이
때론 모기장으로 들어오기엔 꽤 커 보이는 모기들이
손바닥에서 짓이겨지려고 달려든다.
팔뚝의 검은 반점이 자꾸 꾸물거리는 것 같아
손바닥으로 내리쳤더니
그대로 살 속에 박혀 점이 되어버린다.
여름밤의 글자들은 책 속에 갇혀 있는 걸 싫어해
앵앵거리며 머리 주위를 어지럽게 맴돈다.
너무 작아서
몸뚱이와 날개와 다리가 구분되지 않는
그저 날아다니는 점일 뿐인
눌러 터뜨리면 바로 색즉시공이 되어버리는 날벌레

들처럼
  글자들은 빛에 땀 냄새에 살갗에 자꾸 붙는다.
  모기 물린 자국이 많은 눈과 귀 속으로
  한밤의 시냇물이 들어오기도 한다.
  시냇물에서 놀고 있는 크고 작은 물굽이들이
  물굽이 속에서 지저귀는 온갖 명랑한 소리들이 흘러 들어온다.
  밤공기를 한껏 들이마셔 맑고 우렁찬
  풀벌레 소리도 들어온다.
  이 모든 소리들이 스며들어
  날개와 다리와 목청이 움직이는 소리들이 남김없이 스며들어
  풍성해진 침묵도 들어온다.
  혼자 있는 시간이 보약이 되어
  약이 잘 듣지 않는 내 몸속으로 쑥쑥 흡수된다.
  시골 밤공기에 취해 나는 빈둥거리는데
  혼자 있는 시간이 나 대신 밤늦도록 책을 읽어주는
  양수리 여름밤.

뒤통수

어둡고 후미진 골목에서
뒤통수가 자꾸 무언가를 보려 한다.
눈, 코, 입 없이 귀만 삐죽 나온 검은 얼굴이
머리카락으로 두개골로 곁눈질하고 있다.
뒤통수에 시력이 생기려고
모가지 아래가 갑자기 서늘해진다.
온몸에 바늘처럼 뾰족한 초침 소리가 난다.
안 나오는 오줌이 마려워진다.
관절이 점점 뻣뻣해지는데도
걸음은 발소리 없이 빨라진다.

모든 그림자들과 바스락거리는 수상한 소리들은
뒤꿈치까지 빠르게 다가왔다가
뒤통수가 노려보면 무궁화꽃이피었습니다 소리치며
급히 동작을 멈추고
담장과 전봇대 속으로 쓰레기와 현수막 속으로
막 고양이 꼬리를 감춘 개구멍 속으로
들어간다 태연하다

얼굴과 목이 돋아난 어둠과
팔다리 달린 정적이 느닷없이 나타날 것 같은데
다들 꼼짝도 하지 않는다

뒤통수가 잠시라도 한눈팔면
문들은 느닷없이 확 열리려고 한다.
창문과 유리창은 모두 덜컹거리려고 한다.
소음과 골목과 틈마다 나직한 비명들은 숨어 있다가
갑자기 등을 덮치려 한다.
두근거림과 종종걸음과 등덜미 차가운 따끔함은
모두 뒤통수의 눈이 되어
무엇인가가 숨어 있을 것 같은 어둠을 노려보고
있다.
누군가가 움직이고 있는 것 같은 부동을
소리를 감추고 있는 적막을
노려보고 있다.

물방울 얼룩

바싹 마른 물방울 먼지가 유리창에 가득
붙어 있다 둥근 표면장력이 떼 지어 붙어 있다
먼지조차 중력을 어쩔 수 없다는 듯
주르르 흘러내리고 있다
먼지 속에 남아 있는 액체의 무늬가 무게를 잡아당기고 있다
흘러내리면서 유리 절벽을 꽉 붙들고 있다
손톱자국처럼 유리창을 잡으며 미끄러지고 있다
손톱으로 유리판을 다
움켜쥐려고 딱딱하고 미끄러운 표면을 긁고 있다
손톱 긁는 소리를 끌어내리는 난폭한 중력
녹지 않는 얼음에는 할퀸 자국이 나지 않는다
먼지들은 미끄럽게 빛나는 표면에 뿌리처럼 박혀 있다
유리를 빨아들이는 이끼처럼 자라고 있다
유리 속에 갇힌 햇빛이 환하게 켜지자
먼지들도 물방울 기억을 되찾아 반짝거린다
뼈만 남은 물방울들

햇빛 화장이 끝나 푸석푸석한 물방울들
 다 말라버렸는데도 여전히 먼지 속에 남아 있는 물
방울들

그녀가 죽었을 때

그녀가 죽었을 때
그토록 열심히 양치질하고 스케일링하고 가그린하던 이빨도
함께 죽었다
샴푸와 린스를 하고 갖가지 색으로 물들이고 말았다 폈다 죽였다 살렸다 파마하던 머리카락도
함께 죽었다
쌍꺼풀 수술이 잘 되었다는 눈도 늘 계절과 분위기에 맞게 색을 바꾸던 작은 입술도 잘 다듬은 긴 손톱도 다양한 브래지어가 받쳐주고 모아주던 유방도
저보다 힘이 센 식욕을 누르며 러닝머신 위에서 뛰어 얻은 날씬한 몸무게도
허리와 엉덩이에서 유연하고 섹시하게 흔들리던 테크노댄스도 노래방에서 연마한 이정현의 「바꿔」도
어깨 들썩이며 아무리 신나게 노래해도 즐거움 속에 숨어 즐거워하지 않던 외로움도 최후까지 배설되지 않은 채 몸 안에 남아 있던 똥과 오줌과
함께 죽었다

이렇게 깨끗하고 고른 치아와 부드럽고 윤기 있는 머리카락 아직 체온이 남아 있는 희고 탄력 있는 피부가 정말 죽은 거냐고 식구들은 오열했다

그녀를 만지면 아직도 숨이 가빠지고 온몸이 뜨거워지는데 단지 숨을 쉬지 않는다고 사무적으로 사망 진단을 하는 것은 절대로 받아들일 수 없다고 남자친구는 생떼를 썼다

그녀를 기억하는 모든 이들의 가슴속에 그녀는 계속 살아 있다고 그녀는 죽은 것이 아니라 저 높은 곳 영원히 죽지 않는 나라로 옮겨간 것뿐이라고

탄식과 흐느낌에게 위로하는 목소리도 들렸지만

손톱이 죽었을 때

손이 기억하고 있는 촉감과 혀가 기억하고 있는 말이 죽었을 때

털과 눈물과 비듬이 죽었을 때

심장 속에 없으면서도 심장을 끓여 조마조마 콩닥콩닥 뛰게 했던 불안과 함께

그녀는 정말로 죽었다

바람이 세차게 부는 날

바람이 세차게 불어 골목길이 자꾸 갈라지는 바람에
장바구니 든 엄마가 아기와 강아지를 다 놓친다

구르는 비닐봉지와 현수막을 잔뜩 부풀려놓은 바람이
뒤뚱거리는 아기의 웃음도 부풀리고 있다

웃음이 튀는 방향으로 제멋대로 뛰어다니다가
제 몸을 놓친 아기가 팔다리를 바동거린다

웃음소리가 지나간 자리에 의자가 넘어지고
입간판이 기우뚱거리지 않으려고 한참 기우뚱거린다

아기가 막 넘어질 것 같은 발을 놓치지 않으려고
다리가 아직도 네 개나 달린 강아지의 꼬리를 잡아당긴다

갑자기 이빨이 돋아난 바람이 깡총깡총 뛰고
덩달아 공기를 잔뜩 먹은 현수막도 한껏 뚱뚱해진다

헐거운 간판이 끝까지 벽을 붙들고 낑낑거리고
날뛰는 바람을 붙잡으려고 소매와 바지도 펄럭거
린다

번개를 기다림

눈을 어둠으로 가득 채우고
해골처럼 어둠이 눈이 되도록 채우고
끝없는 어둠의 크기가 다 보이도록 별 없는 밤하늘을 바라본다

하늘나무
구름 속에서 태어난다는
땅과 하늘을 이을 만큼 커다랗다는
하늘에 뿌리박고 땅을 향해 거꾸로 자란다는
어둠을 쪼개서 그 벌어진 틈으로만 자란다는
허공에 뻗어 있는 무수한 핏줄을 찾아 그 속으로만 가지를 뻗는다는
온몸이 희디흰 빛으로만 되어 있다는
제 안에 넘치는 빛을 어쩌지 못해 나무나 사람을 태워 죽이기도 한다는
그러나 눈 깜짝할 새보다 더 짧게 살다간다는
죽으면 땅에 묻히지만 흔적은 전혀 남기지 않는다는
그 하늘나무

온몸이 어둠이라 아직은 보이지 않는다
암구름과 수구름은 몸이 달아 자꾸 으르렁거리는데
땅과 어둠은 서로 으스러지도록 꽉 껴안고 들썩거리는데
암우주와 수우주는 서로 꼬리를 물고 돌며 똬리를 틀고 있는데

|해설|

콘크리트 바닥에서 솟구치는 푸른 물줄기의 힘

오 생 근

　김기택은 새 시집 『갈라진다 갈라진다』를 통하여 지난번 시집 『껌』과 마찬가지로, 산업사회의 비인간화 현상과 비인간적 도시의 낯선 혹은 친숙한 풍경들, 전통적 가치관의 붕괴와 인간적 삶의 파탄 등을 매우 치열하고 날카로운 관점으로 그린다. 그는 도시의 현실 속에서 효율성이 없기 때문에 버려지는 것들이거나 도시의 빠른 리듬에 적응하지 못하는 낙오자들, 목적과 수단의 관계에서 일탈해 있는 생뚱맞은 것들, 정상적인 규범이나 가치의 기준에서 벗어난 사람들을 줄기차게 시적 탐구의 대상으로 삼는다. 다시 말해서 그의 시는 생존경쟁의 논리가 지배하는 세계에서 무가치한 것으로 평가되는 온갖 비효율적이고 비경제적인것, 비정상적이거나 비합리적인 것을 대상화하면서, 독자들로 하여금 그것들의 현재적 실상과 근본적 의미를 다시 생각하게 만드는 것이다.

김기택은 시적 문체에서 격정적인 울분이나 서정적인 감상을 거부함은 물론, 주관적인 비판이나 도덕적인 판단도 철저히 배제하고 있다. 그는 도시의 어두운 삶의 풍경을 끈질기게 객관적으로 기술하려 하거나, 풍자적이고 역설적인 반어법을 구사한다. 이러한 기술 방법이 독자에게 현실을 이성적으로 돌아보고 반성하게 만드는 효과가 크다고 생각하기 때문일까? 여하간 시인은 일인칭 주어로 자기중심적인 생각이나 감정을 나열하는 문장을 사용하지 않으려 하고, 자기중심적인 시각에 갇혀 있지 않으면서 시점을 자유롭게 이동하기 때문에 인간을 주어로 한정시키지 않을 뿐 아니라, 온갖 사물을 인간화하여 주어로 만든다. 가령 "목이 [……] 넥타이를 잡아당긴다" "불이 [……] 콧구멍을 막았다" "온몸이 얼굴을 쳐다보고 있다" "우산은 자리를 찾아 두리번거렸다" "트럭 앞에 속도 하나가 구겨져 있다"와 같은 문장들이 그러한 예들이다. 이러한 사물의 의인화를 통하여 시인은 사물에 대한 인간중심적 시각의 상투성을 벗어나는 한편, 역설의 발상으로 대상을 새롭게 생각해보려고 한다.

  그의 새 시집에서 제일 많이 발견되는 주제는 죽음이라고 할 수 있다. 물론 그 죽음은 인간의 자연적인 죽음이 아니라 살인이나 자살과 같은 비인간적 폭력의 죽음이다. 그것은 "목 졸리고 숨구멍 막히고 팔다리 결박되어 우주 쓰레기들과 함께 떠돌고"(「우주인 2」) 있는 죽음으로부터 넥타이로 목을 매단 사람의 절박한 상황을 그린 「넥타이」의 자살, 성폭행당하고 죽어가는 여자의 모습을 연상시키는 「목을 조르는 스타킹에게 애원함」에서의 죽음, 살아 있는 죽음 같은 그로테스크한 육체의 신음 소리로 '살려주세요'가 끔찍하게 들리는 「할여으에어」, 그리고 절망적인 죽음의 상황을 어둡게 그린 「긴 터널 안으로 들어간다」, "병원마다 장례식장마다 남아도는 죽음"이 상품화된 현실을 풍자한 「생명보험」, 여자친구의 어머니를 살해한 사람의 살인 동기를 냉정하게 묘사한 「여친 어머니 살해사건」, 아름답고 탄력 있는 피부의 여성이 죽은 모습을 비정한 문체로 서술한 「그녀가 죽었을 때」에 이르기까지 다양하게 서술된다. 시인은 그 다양한 죽음의 사건을 인간적으로 접근하지 않고 감정이 개입되지 않은 시각으로 바라본다. 다시 말해 시인은 살인의 폭력성을 도덕적으로 비판하거나 희생된 죽음을 애도하는 서술 방법을 배제하고 있다. 물론 이러한 비정한 문체 속에는 분노의 목소리가 감춰져 있는 것이지만, 김기택은 오늘날, 거의 일상화된 사건이 되었을 만큼 빈번히 발생하는 비인간적 폭력의 죽음을 객관화함으로써, 우리의 삶이 절망적이 되었음을 말하려는 것이다. 삶과 죽음의 경계가 사라진 우리의 현실에서 진정한 삶의 희망과 가능성은 없는 것일까?

우선 김기택은 현대 사회에서 삶 속의 죽음과 죽음의 삶이 일상화된 심각한 사회적 문제의 원인을 무엇보다 '시간의 경제' 때문으로 인식하고 있는 것 같다. 물론 자본주의 사회에서 시간이 가장 중요시되는 자원이라는 것은 누구나 알고 있는 사실이다. 마르크스도 말한 바 있지만, "시간의 경제 속에서 결국 모든 경제가 해체된다"는 말은 자본주의 경제 체제에서 시간의 중요성을 강조한 것이다. 우리는 흔히 사회가 얼마나 발전하고 문명화되었는지를 파악하기 위한 잣대로 시간의 단축과 절약을 내세운다. 현대 사회에서 가장 중요한 덕목 중의 하나가 되어버린 이러한 시간 절약은 이제 그것을 얼마나 향유할 수 있는지가 풍요롭고 행복한 삶의 지표가 되기에 이르렀다. 시간의 절약이 사람을 행복하게 만들기도 하고, 절망에 빠지게도 만드는 것이다. 그러나 기계의 자동화와 생활의 편리화를 통한 시간의 단축은 결국 인간적인 삶을 마모시키고 파괴하기 마련이다. 최첨단의 기계를 소유하고 있으면서 인간의 심성은 평화롭고 행복해지기는커녕, 더욱 각박하고 원시적이 되어버렸다고 할 수 있다. 인간과 인간적 삶을 파괴하는 시간 절약 혹은 가속의 현대병은 이제 돌이킬 수 없이 우리가 감당해야 할 짐이 되었다. 김기택의 시에서 가속의 문제는 특히 「고속도로 4」와 「금단 증상」에서 이렇게 표현된다.

트럭 앞에 속도 하나가 구겨져 있다.
부딪혀 멈춰버린 순간에도 바퀴를 다해 달리며
온몸으로 트럭에 붙은 차체를 밀고 있다.

찌그러진 속도를 주름으로 밀며 달리고 있다.
찢어지고 뭉개진 철판을 밀며
모래알처럼 사방으로 흩어지는 유리창을 밀며
튕겨 나가는 타이어를 밀며
앞으로 앞으로만 달리고 있다.
겹겹이 우그러진 철판을 더 우그러뜨리며 달리고 있다.
아직 다 달리지 못한 속도가
쪼그라든 차체를 더 납작하게 압축시키며 달리고 있다.
다 짓이겨졌는데도 여전히 남아 있는 속도가
거의 없어진 차의 형체를 마저 지우며 달리고 있다.
철판 덩어리만 남았는데도
차체가 오그라들며 쥐어짠 검붉은 즙이 뚝뚝
바닥에 떨어져 흥건하게 흐르는데도
속도는 아직 제가 멈췄는지도 모르고 달리고 있다.
―「고속도로 4」 전문

고속도로에서 빈번히 발생하는 교통사고의 현장을 생생하게 그린 이 시의 특징은 사람이 전혀 등장하지 않는다는 점이다. "찢어지고 뭉개진 철판" "모래알처럼 사방으로 흩어지는 유리창" "튕겨 나가는 타이어" "겹겹이 우그러진 철판" "거의 없어진 차의 형체" 등의 묘사가 있을 뿐, 사고의 현장에서 당연히 있을 법한 운전자나 탑승자의 인명 피해는 전혀 언급되지 않고 있다. 물론 인간의 죽음보다 차량의 파괴를 전경화하는 시적 서술에서 비인간적 세계의 참혹함을 연상하기는 어렵지 않다. 그런데 특이한 것은 사고의 현장에서 인간은 보이지 않는 대신에 살아 있는 '속도'가 인간의 자리를 차지하고 있는 점이다. '속도'는 의인화되어서 멈춰버린 순간에도 "온몸으로 트럭에 붙은 차체를 밀고" "찌그러진 속도를 주름으로 밀며 달리고" "앞으로 앞으로만 달리고", 심지어는 "아직 제가 멈췄는지도 모르고 달리고" 있다. 이렇게 차가 멈췄는데도 속도는 달리고 있는 모양을 형상화하면서 시인은 멈출 줄 모르는 속도, 반성과 자의식이 없고, 생각과 배려가 없는 속도의 비인간적 폭력성을 비판한다. 누구나 알고 있듯이, 고속도로는 생명의 공간을 죽음의 공간으로 돌변하게 만들 수 있는 도로이다. 그러나 사람들은 늘 이러한 사실을 잊은 채, 자신이 기계를 잘 통제하고 이용하면 최대한으로 시간 단축의 효율성을 높일 수 있다고 생각하면서 고속도로를 달리는 것이다. 또한 이러한 속도의 파괴성은 사람들의 의식을 마비시키는 중독증을 전염시키기도 한다. 「금단 증상」은 속도에 중독된 사람들이, 속도를 향유할 수 없을 때의 금단 증상을 희화적으로 보여준 시이다.

꿈쩍도 하지 않는 버스를 움직여보려는 듯
발들이 동동 구른다
땅바닥에 굳게 붙박인 나무와 건물이

계속 달리지 않는다는 사실을 도저히 참을 수 없다!
이 모든 게 핸드폰의 잘못이라도 되는 양
입들은 핸드폰에게 야단을 치고 짜증을 퍼붓는다
속도의 단맛에 중독된 유리창이
수전증처럼 덜덜 떤다
엔진은 곧 폭발할 듯 으르렁거리지만
근질근질한 바퀴는 터질 듯한 공기를 꾹 누르고 있다
―「금단 증상」 부분

'금단 증상'이란 제목 때문에 누군가의 중독증이 시의 주제일 것으로 짐작하던 독자는 "속도의 단맛에 중독된 유리창"이란 구절에 이르러 당혹감을 갖게 된다. 중독된 것은 사람이 아니라 버스의 유리창이기 때문이다. 물론 버스에 앉아 있는 사람들은 달리지 못하는 버스에서 발들을 동동 구르며, "계속 달리지 않는다는 사실을 도저히 참을 수 없"어 할 것이다. 그러나 흥미로운 것은 승객이 발들을 동동 구르지 않고 "발들이 동동 구른다"는 구절이다. 사람이 참지 못하는 것이 아니라 발들이 참을 수 없어 하는 것처럼 서술되어 있는 것이다. 이 시에서는 이처럼 신체의 부분들이 주체의 통제를 받지 않고 마치 독립된 기계의 부품처럼 작동하고 있다. 또한 "손가락들은 목과 뒷덜미를 긁고" "모가지들은 [……] 두리번거린다" "입들은 핸드폰에게 야단을 치고 짜증을 퍼붓는다"와 같은 문장에서 확인할 수 있듯이, 속도에 중독된 사람들의 반응은 자동인형의 기계처럼 작동한다. 이것은 속도에 중독된 인간의 움직임이란 결국 생명이 없는 기계의 움직임과 같게 되었음을 풍자한 표현들이다.

어떤 의미에서 "속도의 단맛에 중독된" 인간은 늘 시간에 쫓기며 살아가는 존재이기도 하다. 「손톱」의 화자는 "손톱 자라는 속도에 맞추"어 버스를 타고, 버스의 느리고 답답한 속도에 화를 내며 버스에서 내려 택시로 갈아타기도 한다. 그는 "손톱 자라는 속도를 먹여 살리느라" 출근하고, "조금이라도 도움이 될 것 같은 사람들에게" 친절한 웃음을 곁들여가며 전화를 한다. 화자는 시간을 주체적으로 관리하지 못하고 시간의 노예가 되어 사는 대부분 직장인들의 공통된 모습일 것이다. 그는 「살갑게 인사하기」에서처럼, 아무리 하고 싶은 말이 있더라도 그 말을 "꽉 졸라맨 넥타이로 틀어막고" "이빨과 주름만 웃는 웃음으로 틀어막고" 전혀 반갑지 않은 사람에게 "반가워요 반가워요 반가워요"라고 반복적인 인사를 하고 지내면서, 시간에 쫓기는 기계적인 생활을 할 수밖에 없다. 이러한 가면의 생활을 습관화하다 보면, 사람은 결국 진정한 본성과 욕망의 언어를 잊어버리기 마련이다.

현대 사회의 속도에 중독되지 않고 주체적으로 시간을 관리하고 살아갈 수 있을까? 그런 사람들은 과연 누구일까? 시간에 쫓기지 않고 속도에 중독되지 않은 자유로운 삶을 사는 사람들일까? 김기택의 시에서 그러한 사람들은 자유인이기는커녕, 노인과 장애자 혹은 노숙자, 정신이상자들처럼 사회의 질서와 규범을 일탈해 살아가는 사람들이다. 물론 그들은 시간에 쫓기는 삶이 아니라 시간이 넘쳐나는 삶을 산다. 이들 중에서 노인과 노년의 인생은 김기택이 선호하는 시적 주제 중의 하나라고 할 수 있다. 「두 눈 부릅뜨고 주먹을 불끈 쥐고」 「똥지게 할아버지」 「늙은 개 1」 「늙은 개 2」 「국수행 전철에서」 「버스에도 봄」 등은 화자가 전철이나 버스에서 혹은 길에서 노인들과 늙은 개를 바라보면서 노년의 의미를 성찰한 시들이다. 물론 김기택의 노인들은 젊은이들에게 희망이나 존경심을 갖게 하는 지혜롭고 여유 있는 존재가 아니라, '노약자' '은퇴한 사람' '소외 계층' 등의 명칭으로 분류될 수 있는 슬프고 우울한 존재들이다. 「두 눈 부릅뜨고 주먹을 불끈 쥐고」에서는 "서 있는 것조차 힘들어 보이는 구부정한 노인네"가 앙상한 주먹을 흔들며 고독하게 분노하는 모습이 그려지고, 「늙은 개 1」에서는 개와 사람의 늙음은 개와 사람의 차이를 지워버린다는 내용으로 서술되어 있다. 「버스에도 봄」의 노인은 노약자석에 앉아 있는 젊은이들 앞에서 자리를 잡지 못하고 어색하게 서 있는 불쌍한 모습이다. 노인과 노년을 주제로 한 시들 중에서 「국수행 전철에서」는 노인의 초라하고 허무한 모습을 가장 절실하게 보여준 시라고 할 수 있다.

한낮에 국수 가는 전철은 한산하다.

노인은 왜소한 몸으로 7인석 좌석을 다 차지하고 앉아
신문을 쌓아놓고 보고 있다.
한쪽 다리를 좌석 위에 턱 얹어놓고
등을 옆으로 기대로 한껏 편한 자세를 취하고 있다.
편할수록 더 결리는 허리.
최선을 다해 자세를 고쳐 앉아보지만
삶은 여전히 바뀌지 않는다.
[……]
처치할 곳이 없어 전철에다 잔뜩 부려놓은 시간.
전동차가 아무리 빨리 달려도 느려터지기만 한 시간.
아까 팔당역이었는데 어째서 아직도 팔당역이란 말인가.
전철이 달리면 잠깐 흐르는 듯하다가 멈추면 함께 정지하는 시간.
죽어라 밀쳐도 안 가는 시간.
고집스럽게 한자리에만 앉아 늙기만 하고 죽지는 않는 시간.
　　　　　　　　　　　　　　—「국수행 전철에서」 부분

한산한 전철에서 편안한 자세로 앉아 있는 노인의 마음은 전혀 편안하지 않다. 노인에게 넘쳐나는 시간은 하염없이 느리게 흘러갈 뿐이다. "전철이 달리면 잠깐 흐르는 듯하다가 멈추면 함께 정지하는" 시간은 아무리 "죽어라 밀쳐도" 가지 않고 있다. 이처럼 시간이라는 감옥에 갇힌 노인의 권태로운 내면이 적확하게 드러난 이 시에서 가장 주목할 대목은 "최선을 다해 자세를 고쳐 앉아보지만/삶은 여전히 바뀌지 않는다"는 구절과 "고집스럽게 한자리에만 앉아 늙기만 하고 죽지는 않는 시간"이라는 시의 끝 구절이다. 노인의 삶은 변화하지 않는 삶이고, 노인의 시간은 "늙기만 하고 죽지는 않는 시간"이라는 시인의 인식은 노인의 시간과 삶답지 않은 삶의 등가성을 포착한 관점의 결과이다.

   삶의 의미를 상실하고 권태로운 시간을 보내는 사람은 노인들만이 아니다. 어떤 의미에서 인간적 자유와 존엄성을 잃어버린 채 살아가는 사람들, "웃기는 놈, 비열한 놈, 한심한 놈"(「오늘의 할 일」)이라는 자괴감과 절망감을 갖는 모든 사람들이 그런 부류에 해당될 것이다. 사회적 규범이나 유행의 기준에서도 소외된 사람들이고, 보이지 않는 감옥에 갇혀 있는 사람들이기도 하다. 사실 우리는 얼마나 많은 관념과 편견과 가치 기준의 감옥 속에서 갇혀서 사는 것일까? 범죄를 저질러서 수감생활을 하는 사람만 수인은 아니다. 「뚱뚱한 여자」는 뚱뚱한 몸 때문에 남들로부터 차별 대우를 받는 사람의 모습을 육체라는 감옥에 갇힌 수인으로 묘사하고 있는 점에서 매우 흥미로운 시이다.

    눈을 떠 보니
    어느 작고 어둡고 뚱뚱한 방 안에 들어와 있었다.
    뒷덜미에서 철커덕, 문 잠기는 소리가 들렸다.
    머리가 너무 크고 무거웠으므로

이마에 굵은 주름이 생기도록
마음을 낮게 구부려야 했다.
[……]
밖으로 나가려고 몇 차례 몸을 뒤틀어보았으나
모든 문은 이미 내 안에 들어와 있었고
나를 찢거나 부수지 않고는 열릴 수 없게 되어 있었다.
아홉 개의 좁은 구멍을 찾아 간신히 빠져나간 건
거친 숨과 땀방울과 뜨거운 오줌과 입 냄새 뿐이었다.
[……]
가까스로 내가 있는 곳을 찾아내어 살펴보니
거울 속이었다.
어항 같은 눈을 뻐끔거리고 있는 얼굴이
살 속에 숨은 눈으로 살살 밖을 쳐다보는 얼굴이
포르말린 같은 유리 안에 담겨 있었다.
나자마자 마흔이었고 거울을 보자마자 여자였다.
그렇게 관리를 하지 않고서야
언제 시집이나 한번 가볼 수 있겠느냐는 소리가
방 안을 쩌렁쩌렁 울리며 들어왔다.
그게 구르는 거지 걷는 거냐고
내 뒤뚱거리는 걸음을 놀려대는 소리가
벽을 뚫고 살을 콕콕 찌르며 들어왔다.
움직일수록 더 세게 막혀오는 숨통을 놓아주기 위해
나는 방 하나를 통째로 소파 위에 누이고

개처럼 혀를 다해 헉헉거렸다. ―「뚱뚱한 여자」 부분

　이 시에서 뚱뚱한 여자의 몸은 "어느 작고 어둡고 뚱뚱한 방" "몸에 착 달라붙어 있는 벽" "내 안에 들어와 있"는 문, "거울" 등 공간적 이미지로 표현된다. '방' '벽' '문' 등의 공간들과 육체와의 관계는 우호적이 아니라 적대적으로 그려진다. 특히 몸속의 문은 몸속에 있기 때문에 열리지 않는 문이다. 몸 밖에 문이 있다면 몸이 그 문을 열고 외부와의 소통을 시도할 수 있겠지만, 몸속의 문을 열려면 몸을 찢는 죽음의 위험이 따를 것이다. 이러한 육체의 감옥은 참으로 끔찍한 감옥이다. 이 감옥에 갇힌 사람은 나이 마흔의 미혼녀이기 때문에 감옥 밖의 사람들은 그녀에게 "그렇게 관리를 하지 않고서야" "언제 시집이나 한번 가볼 수 있겠느냐"면서 야유와 조롱을 퍼붓는다. 그녀의 삶은 사람들의 그러한 야유와 질책을 감당하면서 "개처럼 혀를 다해 헉헉거"리며 숨을 쉬고 살아가는 '개 같은 인생'이다. 그렇다면 누가 그녀의 몸을 가두고, 그녀의 삶을 개 같은 인생으로 만든 것일까? 뚱뚱한 몸의 그녀가 자신을 가둔 것이 아니라면, 그녀를 가둔 것은 감옥 밖에서 야유하는 사람들이고, 어떤 의미에서는 푸코의 『감시와 처벌』에서 설명되는 파놉티콘의 권력자들이기도하다. 결국 뚱뚱한 몸의 여자는 현대사회의 잘못된 편견과 가치 기준에 묶여 있는 우리의 모습이다. 이러한 기준에서 자유롭지

못하다면 우리는 「긴 터널 안으로 들어간다」에서처럼 "나를 둘러싼 거대한 눈알이 한 점 허공인 나를 쳐다보고 있는 어둠"의 감옥에서 살아갈 수밖에 없을 것이다.

김기택의 이번 시집에는 어두운 느낌의 시가 많은 반면, 밝은 분위기와 희망의 메시지를 보여주는 시는 많지 않다. 그러나 많지 않은 희망의 시 중에서 「풀」은 매우 중요하게 평가될 수 있을 것이다. 이 시는 콘크리트로 상징되는 도시 문명의 세계에서도 소멸되지 않는 야생적 생명력으로서의 '풀'을 그린다. 그 풀은 들판이나 정원에서 흔히 볼 수 있는 풀로 묘사되지 않는다. 풀은 야생적인 풀이면서 동시에 상징적 의미를 갖는 풀이다. 여기서 시인은 '풀'을 시의 제목으로 삼으면서도 정작 시 속에서는 풀이라는 명사를 사용하지 않고 있다. 풀은 "밑에서 쉬지 않고 들이받는 머리통들" "그곳에 먼저 살던 원주민" "콘크리트 밑에 깔린 수많은 물줄기들" "물렁물렁한 물대가리들" "바위를 뚫는 물방울" "푸른 물줄기" 등으로 다양하게 변주된다.

콘크리트 갈라진 자리마다
푸른 물줄기가 새어 나온다.
물줄기는 분수처럼 솟구쳐 포물선을 그리지만
땅바닥에 뚝뚝 떨어지지는 않는다.
쉬지 않고 흔들려도 떨어지지는 않는다.
포물선의 궤적을 따라

출렁거리는 푸른 물이 빳빳하게 날을 세운다.
약한 바람에도 눕고 강한 바람에도 일어난다.
포물선은 길고 넓게 자라난다.
풀줄기가 굵어지는 그만큼 콘크리트는 더 벌어진다.
연하고 가느다란 풀뿌리들이
콘크리트 속에 빨대처럼 박히자
커다란 돌덩어리가 쭉쭉 콜라처럼 빨려 들어간다.

—「풀」 부분

이 시에서 먼저 주목할 부분은, '푸른 물줄기'가 포물선을 그리면서도 땅바닥에 떨어지지 않다가, 어느 순간 "약한 바람에도 눕고 강한 바람에도 일어"나는 풀줄기로 절묘하게 변화하는 대목이다. 이 풀이 무엇을 의미하는지는 중요하지 않다. 중요한 것은 "연하고 가느다란 풀뿌리" 같은 것이 그 어떤 "커다란 돌덩어리"라도 무너뜨릴 수 있다는 시인의 인식과 그것에 공감하는 우리의 믿음일 것이다.

'풀'의 힘은 어디서 오는 것일까? 그것은 어디에 있는 것일까? 김기택은 이러한 의문에 해답을 주지는 않는다. 그의 시는 해답을 찾는 시가 아니라 질문을 혹은 질문하는 방법을 모색하는 시이기 때문이다. 이처럼 끊임없이 질문하는 시인으로서 그는 그 어떤 감성적인 자기연민에도 사로잡히지 않고 우리의 삶과 현실의 문제를 직시하면서 자신만의 독특한 어법으로 새로운 시적 언어를 탐구할 것이다.